ルネサンス
歴史と芸術の物語

池上英洋

光文社新書

はじめに

　私の研究室には、つきあたりの窓のそばに私の机があり、本棚を間に挟んで、手前入り口側に学生用のテーブルがあります。奥で書きものをしていると、学生たちの会話が聞こえてくるのですが、ある日、「日本史のどの時代が好きか」という話題になっていました。「やっぱり、戦国時代でしょ」「私は幕末かな」と、学生たちは思い思いに好みの時代区分を挙げていきます。面白いもので、人気が高い時代に共通するのは、それらが必ず「激動の時代」であるという点です。それらは皆、派手な戦いや劇的な人間ドラマに富んだ時代なので当然のことだといえるでしょう。

　ひるがえって世界史を眺めてみても、三国志の時代しかり、フランス革命しかり、やはり激動の時代は人気も集中します。そして本書で取り上げる「ルネサンス」も、ヨーロッパ史の中でも飛び抜けて「激動の時代」のうちの一つです。

しかし、ルネサンスという用語に親しんでいるはずの美術史を学んでいる学生でさえ、それが激動の時代であるという認識はあまりありません。むしろ、この語はひたすら「芸術活動が盛り上がった時代」としてのみインプットされているようです。

無理もありません。というのも、フランス語で「再生」を意味する名を冠したこの時代区分名は、もともと文化区分の用語として生まれ、それが歴史の時代区分としても使われるようになった珍しい例だからです。

さて、日本では、たいていの人にとって世界史の勉強は高校卒業と同時に終わります。したがって、高校生が使う教科書や参考書での「ルネサンス」の説明が、ほとんどの人の知識のすべてになります。ここで、その代表的な例を挙げておきます。

> 神や教会を中心とする中世の考え方から脱し、古代ギリシア・ローマの人間中心の考え方を復興する文化運動。その根本精神はヒューマニズム（人文主義・人間主義）である。また、現実主義・個人主義・合理（理性）主義の傾向がみられる。（『ハンドブック世界史の要点整理』〈学研〉）

さすがにうまくまとめてあるものです。「教会中心の中世的世界観から脱し、人文主義によって、古代の文化が復興した」——実際、大学生に聞いてみると、皆、多かれ少なかれこのような答えをスラスラと返してきます。模範解答としてはまったくその通りで、間違いはどこにもありません。

しかし、そこで意地悪な私は、試しに質問形式を変えて彼らに問いかけてみます。

「なぜ、人文主義だと古代の文化が復興するの？」

「そもそも、なぜ中世的な世界観から脱する流れになったの？」

——どこの大学の学生であろうと、講義を受ける前の段階で、こうした問いにキチンと答えることのできる学生にこれまで会ったことがありません。もちろん、歴史の学習においては年号や固有名詞、用語の定義などを正確に記憶することもある程度必要です。しかし——これまでにも著作などを通じてしばしば言ってきたことですが——それ以上に、こうした「事象の構造」とでも呼べるようなものについて思考することこそ重要だと、私は常に考えています。

と、なんだかエラそうに書いていますが、私自身、美術史を専攻していた学生の頃は「ルネサンス」のなんたるかをまったくわかっていませんでした。では、多くの人に共通する「知っているつもりでいるルネサンス」とは、本当は何を意味するのか。それは、なぜ始まって、なぜ終わったのか——。

本書の狙いは、まさにこの「ルネサンスという事象の構造」を一緒に見ていくことにあります。そうして初めて、「ルネサンスは激動期だったからこそ、独自の文化が花開き、そしてほどなく枯れ始めた」ということに理解が及ぶものと考えています。

そして日本史における激動期がいずれも、千利休や長谷川等伯、あるいは安藤広重や緒方洪庵《こうあん》といった人物たちを綺羅星《きらぼし》のごとく輩出したのと同様に、ルネサンス時代も文化史における重要人物たちを数多く生み出しています。そのため本書の巻末に、ルネサンス芸術を彩る主要人物たちのリストをつけました。

では、これから皆さんと一緒に、ルネサンスの構造を見ていくことにしましょう。

ルネサンス　歴史と芸術の物語

目次

第1章 十字軍と金融

本書で扱うのは、ルネサンス時代と、その前段階としてのプロト（＝前）・ルネサンス時代と呼ばれる時代です。これは、ルネサンス時代が、それだけ単独で語ってはほとんど表面的にしか理解できない性質のものだからです。そのため、ルネサンスが準備されていったプロト・ルネサンス時代から、順序立ててお話ししていくことになります。

まず、時代区分について触れておきます。よく、サン・ジョヴァンニ洗礼堂コンクール（１４５ページ参照）が行われた一四〇一年をルネサンスの起点とし、ラファエッロが亡くなった一五二〇年を終点に置く区分が用いられますが、当然ながら実際には「何年から何年まで」とはっきり決められる類《たぐい》のものではありません。十字軍の遠征をきっかけに、長い時間をかけて、まず社会構造が徐々に変わり始め、それが次に文芸面に表れ、最後に美術に波及します。

この章では、十字軍以降のヴェネツィアとフィレンツェにおける、社会構造の変化を見ていきましょう。

１－１　地中海の覇者

港町ヴェネツィア

イタリアにあるヴェネツィア（ベニス）は、とても変わった街です（図1、16ページ）。イタリア半島の東側にある細長いアドリア海に面した港町は、やや閉ざされた潟の中に浮かぶ島の形をしており、陸地とは一本の細い道でつながっているだけです。街の中には運河がはり巡らされており、それらの間を無数の太鼓橋がつないでいます。地図を手にして歩いていても、しょっちゅう道に迷ってはウロウロするはめになります。ちょっとした迷宮のようです。

世界的に人気の高い観光地なので、すでに行かれたことのある方もいらっしゃるでしょう。変わった地形のせいで島には自動車の姿はなく、日中は観光客でごったがえす街も、夜になると昼間の喧騒がうそのように静寂に包まれます。そこでは、運河につながれたゴンドラが

図1　サン・ジョルジョ・マッジョーレ島の鐘楼からヴェネツィアをのぞむ。

波に揺られ、留め木に「ゴン」とぶつかる低い音が聞こえるだけです。また、薄暗いオレンジ色の街灯の灯《あか》りが水面にゆらめき、この世のものとは思えないロマンティックな世界を創り出します。

「ヴェネツィアに男女が二人で行ったら、帰ってくるときには三人になっている」というジョークがありますが、私たち外国人だけでなく、イタリア人自身もこの地への強い憧れがあるようです。

さて、世界遺産にもなっているこの街の中心が、島の東南にあるサン・マルコ広場です。ピンク色の巨大なパラッツォ・ドゥカーレ（ドゥカーレ宮殿）は、かつては独立国だったここヴェネツィアの行政の中心だったところで、現在は街が誇る大量の美術品を観ることのできる美術館になっています。

コの字形をした、だだっ広い広場はこれらの豪華な館に囲まれており、かつて地中海を支配したこの島国の栄華を今に伝えています。

　この広場の名前の元となっているのが、広場に面するサン・マルコ聖堂です。サン・マルコとは聖マルコのことで、彼は新約聖書を構成する福音書のうちの一つを書いたと伝えられています。彼の遺体とされるもの（頭部は欠けていた）は、エジプトのアレクサンドリアにありました。それを九世紀にヴェネツィア人が盗み出して持ち帰ったため、それ以来、ヴェネツィアの人々はこの聖人を守護聖人（街の守り神のようなもの）として崇拝し、遺体が納められた同聖堂も街の宗教的な中心として扱ってきました。

　周りの建物が皆、直線を基本とする角ばった建物であるのに対し、この教会だけが曲線を基調とする丸っこい外観をしています。それもそのはず、この建物はイタリア古来のデザインではなく、東方にあったビザンティンの様式をベースに建てられているからです。ビザンティン（ビザンティウム、ビザンツ）とは東ローマ帝国のことで、今のギリシャを中心に、バルカン半島からトルコ一帯にかけて広がる一大国家でした。サン・マルコ聖堂の外観と、内部の壁面を埋め尽くすきらびやかな黄金モザイク装飾は、ここヴェネツィアが東地中海の貿易の中心地であったと同時に、当時の文化先進地域だったビザンティンの文化を積極的に採り入れていたことを今によく伝えています。

サン・マルコ聖堂の〝四頭の馬〟

サン・マルコ聖堂の正面扉口の上に、四頭のブロンズ（青銅）製の馬が並んでいます（図2）。このブロンズはほぼ実寸大なのでとても大きなものですが、聖堂の高い場所にあり、おまけに建物自体が大きいため、馬の大きさはあまり感じられないかもしれません。しかも、周りを色鮮やかな壁画が派手に取り囲んでいるので、ともすると見落としてしまいがちです。訪れた際には注意深く見てください。

この広場は、羽根が舞っておちおちジェラートも落ち着いて食べられないほど鳩がいるところなので、その糞や風雨によって、もともとあった青銅製の馬はかなりのダメージを受けていました。そのため、本物は一九八一年に修復され、以降は聖堂の附属博物館で屋内展示されており、この写真で見ているものはレプリカです。

遠くからだとわかりにくいかもしれませんが、これらの馬は鬣《たてがみ》や肉付きが見事に表現されていて、四体とも頭の向きや足の上げ方が少しずつ異なっています。ということは、四頭の馬はそれぞれ別の鋳型《いがた》で鋳造《ちゆうぞう》されたことがわかります。

図2　サン・マルコ聖堂の正面扉口にある“四頭の馬”。

「鋳造」というのは、粘土などで大きな型を作り、その中に作られた空洞部分に高温で溶かした金属を流し込んで作る方法です。四体とも異なるポーズをしているということは、四つの鋳型を制作したということです。一つの鋳型で四体作るのに比べると、その労力や、かかるコストは桁違いに膨《ふく》らみます。

肉付きなどを忠実に表現したりすることで本物そっくりにすることを「写実」といいます。この馬たちを作った芸術家（規模からいって複数いたことでしょう）は、非常に高い写実力を持っていたことがわかります。事実、いずれの作品も骨格や筋肉のつき方が正確で高い写実性を有しています。体重のかけ方や、それにつれて生じる体のカーヴも自然で、生き生きとした躍動感がよく表されています。

残念ながら、この馬たちを作った芸術家の名前は残っていませんが、驚くべきはその古さです。正確にはわかっていませんが、およそ紀元前三〜紀元前二世紀頃の作品だと考えられています（諸説あります）。この時期の作品を「ヘレニズム美術」と呼び、エーゲ海などの地中海東部で主に制作されました。ルーヴル美術館にある有名な〈ミロのヴィーナス〉や〈サモトラケのニケ〉といった作品群が作られたのと同じ時期です。

では、なぜそれらの作品の一つがヴェネツィアにあるのでしょうか。その理由を知ることは、ヴェネツィアの街自体の歴史を知ることにつながります。

最初にヴェネツィアに移り住んできた人々は、イタリア半島に侵入してきた北方のゲルマン諸民族の攻撃から逃れるため、大変な苦労をしながらこの地にやってきました。しかし、この地を選んだことは成功します。ヴェネツィアの四方を囲む潟は、水深の深いところと浅いところが複雑に入り組んでいるため、航路を知らない敵船が下手《へた》に近づくと、すぐに座礁《ざしょう》してしまうのです。

一方、周囲の浅い潟の中にある、大きな船でも通航できる航路が、ルネサンス当時のヴェネツィアを描いた地図（図3）に記入されていることからもわかるように、ヴェネツィアはこの地形を利用して、小さいながらも独立した国として命脈を保ち続けることになります。

ちなみに、Sの字を逆にした形に大きくうねる大運河（グラン・カナル）の真ん中にかかる優美なリアルト橋（図4）は、両側に並ぶ土産物店でよく知られています。この「リアルト（Rialto）」という名前は「高い岸辺（Riva alto）」という言葉が元になっています。もともときちんとした地盤が水面上に露出していたこのあたりに、最初の居住区が築かれました。

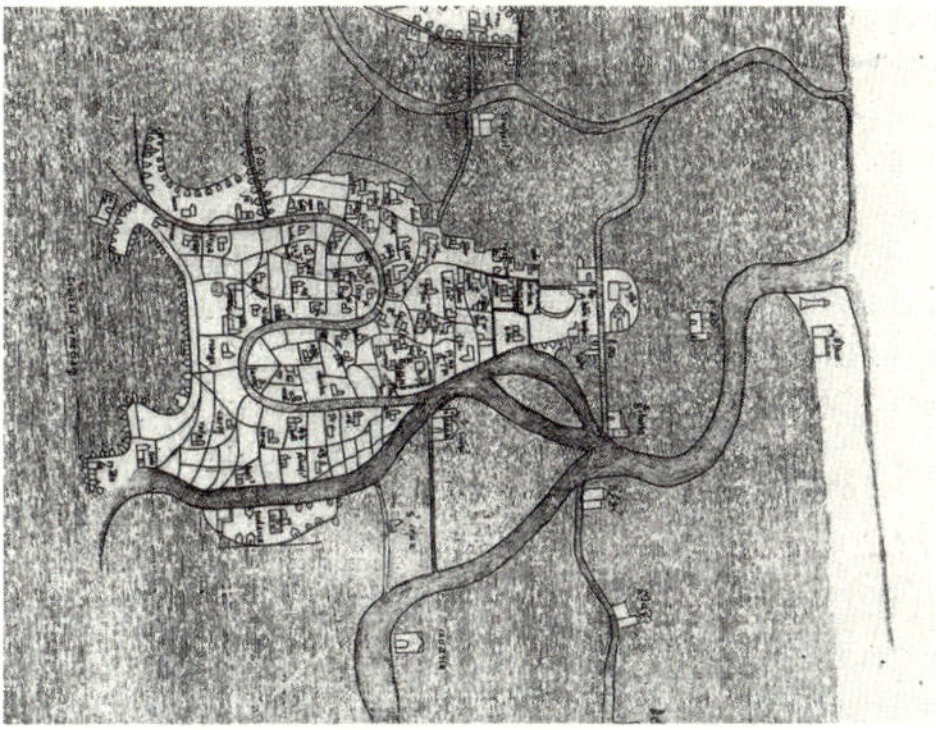

（上）図3　ルネサンス当時のヴェネツィアの地図。14世紀の写本に描かれていたものを、18世紀の建築家が写し取ったもの。道路のように太く描かれているのが大型船舶用の航路。もちろん、水面からはわからない。

（下）図4　ヴェネツィアの“へそ”に当たるリアルト橋。

歴史的事件

ルネサンス以前、西暦一〇〇〇年頃のイタリア半島で最強の海運国家は、後に名を馳《は》せるヴェネツィアやジェノヴァではなく、意外なことにアマルフィという海洋都市国家でした。半島の西側、ナポリの近くにあるアマルフィは、現在は海岸線からすぐに切り立つ山の斜面に家々がへばりつく、特異な景観をしています。ここが本当にかつて一大海運国家だったとはにわかに信じられないほど、こぢんまりとした可愛らしい場所です（ここも世界遺産です）。それから百年も経《た》たないうちに、ヴェネツィアが地中海一の港として躍り出ることになります。その背景には、「十字軍の遠征」という歴史的事件が関係しています。

キリスト教が生まれたのは、イエスが活動した地域、現在のイスラエルでのことです。しかし、キリスト教と同様に、やはりユダヤ教を母体とするイスラム教が七世紀に創始されると、同地域はほどなくイスラム勢力に支配されることになります。

ユダヤ教・キリスト教・イスラム教という三つの宗教の聖地であるエルサレム（現イスラエルの首都）は、キリスト教徒から見れば〝異教徒〟に征服された時期が長く続きます。も

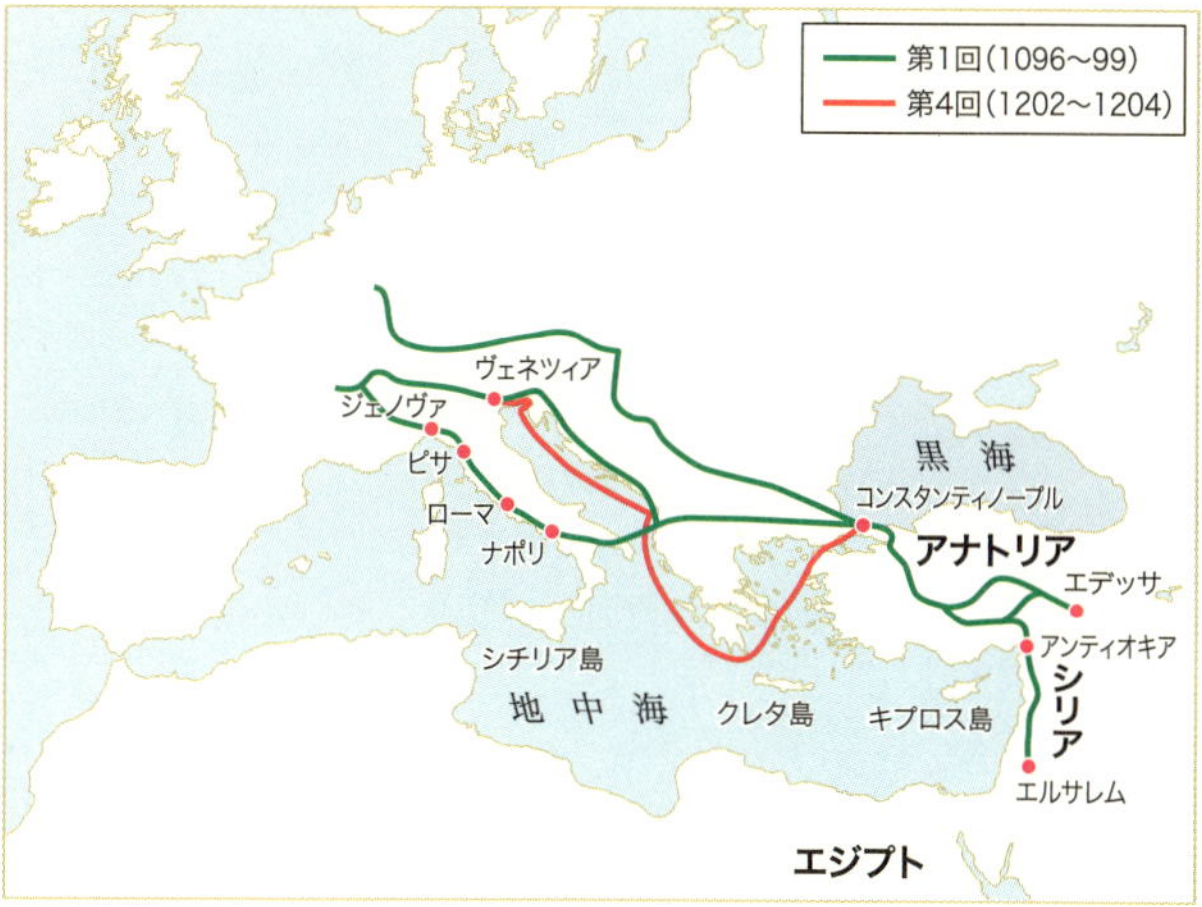

図5　第一回十字軍と第四回十字軍の遠征ルート。

ともとは同じ母体から発生しているので、キリスト教とイスラム教とは兄弟ともいえる関係にありますが、地中海世界では真っ向からぶつかる二大勢力として激しく対立していきます。

やがて一一世紀の終わりに、時のローマ教皇の呼びかけに応えて、全ヨーロッパ中から聖地奪回のための十字軍遠征が開始されました。宗教的熱狂に包まれた群衆は雪崩《なだれ》を打って聖地へ殺到。その途上で多数のイスラム教徒を虐殺しながら、ついにキリスト教勢力はエルサレムの奪還に成功します。

第一回十字軍遠征のほとんどは、バルカン半島の西海岸沿いを陸路パレスティナを通って行きました。しかし、いったん聖地を征服してその地にキリスト教国を建てて以降、大量の物資や人員を移動させるために海路を用いるのは当然です。そうなると、アマルフィのようにイタリア半島の西側にある港町ではなく、半島の東側の付け根にあるヴェネツィアに、まずヨーロッパ大陸中から騎士たちがやってきて、そこから船で移動するルートを使うことになります（図5、23ページ）。

「歴史の証人」としての作品

さて、十字軍の遠征はその後も何度も行われますが、その間、この一大キャンペーンによる恩恵を最も受けたのが、ほかならぬヴェネツィアでした。

ヴェネツィアは十字軍の遠征隊に船をレンタルするだけでなく、水や食糧に加え、乗組員や兵士まで用意して貸し出すことになります。これによって莫大な契約金を手にするのですが、ヴェネツィアは取引上手なことに、これらを少しだけ安く提供する代わりに、「征服地の一部を割譲してもらう」という条項を契約条件に含めるようにします。

このおかげで、十字軍がどこかで戦果を上げるごとにヴェネツィアの領土が増えていきました。十字軍遠征は数世紀にわたって九回ほど繰り返され、やがて、ヴェネツィアはヨーロッパの一大強国となっていました。この経済力と活気が、ルネサンスをもたらす土壌となっていくのです。

ルネサンス期真っ只中の一五世紀末には、ヴェネツィアの人口は十八万人を数えています。これは、当時のヨーロッパではパリに次ぐ大都市です。ちなみに、かつての百万都市ローマは当時七万人前後をウロウロしており、教皇のお膝元とはいえ、かつての栄華は見る影もありません。一方のヴェネツィアは、本国の領土のみならず広大な海外領土を各地に有しており、それらをすべてあわせた総人口は二百万人を突破します。これはヨーロッパでもかなりの大国の部類に入り、強大な海軍力と経済力で他を圧倒しています。

さて、話は再び〝馬〟に戻ります。これらは、第四回十字軍でヴェネツィアが獲得した戦利品です。もともとは地中海東部のギリシャで作られたものですが、その後ローマに運ばれ、十字軍時代にはコンスタンティノープル（今のイスタンブール）の大競技場を飾っていました。

これは実は奇妙なことです。十字軍とはもともと、「異教徒」たるイスラム教徒から、キリスト教の聖地エルサレムを奪回することを目的としていたはずです。それなのに、第四回十字軍はエルサレムとその周辺にさえ行こうとはせずに、まっすぐコンスタンティノープルへと矛先を向けたわけです（図5、23ページ）。

そこはイスラム勢力圏ではなく、また、ローマを中心とするカトリック教会でこそないものの、オルトドクス（ギリシャ正教）を奉ずるれっきとしたキリスト教国であるビザンティン帝国の都です。ヴェネツィア海軍を中心とする第四回十字軍が、聖地奪回という宗教的動機などではなく、同じキリスト教圏の豊かな都市から金品を奪うという経済的動機によって動いていたことが、ここから明らかになります。これにはさすがに従軍騎士たちからも疑問の声が上がったそうです。四頭の馬は、そうした〝変質〟の良き証人といえます。

ちなみに、後に独立国家ヴェネツィアの命脈を断ったナポレオンが、この馬たちをいったんフランスへと持ち去りましたが、彼の死後、ヴェネツィアへと返還されています。今から考えれば、そもそもの持ち主だったコンスタンティノープルやローマ、ギリシャなどもそのタイミングで返還要求ができたとは思いますが、四頭の馬は今もヴェネツィアの顔ともいえるサン・マルコ聖堂を飾っています。美術品の中にはこの馬のように、「歴史の証人」となって数奇な運命を辿《たど》ったものが少なくありません。

1-2　〃第三のパトロン〃の登場

華の都フィレンツェ

さて、十字軍の遠征で戦地に赴《おもむ》いた兵士たちは、アラビアの各地で今まで見たことのないさまざまな珍しいものを目にします。当時、科学と文化の水準はヨーロッパよりアラビア地域のほうが高かったこともあり、それらは彼らの好奇心を強く刺激します。

こうして、香辛料をはじめとする、さまざまな商品がヨーロッパへもたらされ、地中海地域ではそれらを扱う貿易活動が活発に行われるようになります。貨幣は太古の昔から存在していますが、交易が盛んになるにつれてその流通量も飛躍的に増大します。

まず最初に恩恵を受けたのはやはりヴェネツィアで、港を通過する商品に関税をかけ（このための税関の建物が今も大運河の先端に残っています）、莫大な富が街に落ちるシステムを完備します。こうしてヴェネツィアの通貨である〃ドゥカート〃は、今日のユーロや円のよう

図6　フィオリーノ金貨。1323年に鋳造されたもの。直径1.9cmで、3.49gの24金でできている。ユリはフィレンツェのシンボル。

な基軸通貨となります。そして、今日のドルに当たるもう一方の基軸通貨となったのが、フィオリーノ（フローリン）と呼ばれるフィレンツェの通貨です（図6）。

フィレンツェは、イタリア中部を流れるアルノ川の流域で、四方を丘に囲まれた盆地にあります（図7）。地理的な面でも、歴史的・文化的重要性の面でも少し京都に似ています。また、〝ややお高くとまっている〟と、他の地域の人から思われている点も同じです。どちらの都市も、地理的にやや隔絶されていることで、かえって文化的独自性を育みやすかったといえるかもしれません。京都が〝千年の都〟なら、フィレンツェはルネサンス文化が花開いた〝華の都〟となりました。

しかし、フィレンツェが繁栄するのは簡単ではありませんでした。というのも、フィレンツェとその周辺は今でこそ革製品やワインなどで有名ですが、特産品といえるような目立ったものを長い間持たなかったからです。

そこでフィレンツェの人たちは加工貿易に活路を見出します。彼らは原材料となる生糸をはるか北ヨーロッパから輸入し、自分たちの工房で美しく丈夫な布地や服にして他の都市へ

図7　サン・ミニアート・アル・モンテ教会前広場からフィレンツェをのぞむ。

輸出したのです。このあたり、やはり資源に恵まれず、商品開発や高機能化で経済大国となった日本人としては親近感を覚えます。今にその名を残すグッチやフェラガモなど、イタリアン・ファッションのブランドの多くがフィレンツェにルーツを持つのは、この時代からの名残りです。

繊維業はフィレンツェに莫大な富をもたらし、商人層の経済力が増すにつれ、彼らの政治力も当然ながら強くなっていきます。また、十字軍の開始から徐々にヨーロッパ全体の経済活動が盛んになっていったため、すべての都市で多かれ少なかれ同様の動きが見られるようになります。

中世の二重権力構造

フィレンツェがルネサンスの華の都となれたのは、それまでの社会をフィレンツェの人々が変えていったおかげです。まずは、その「それまでの社会」を見てみましょう。

かつてのローマ帝国時代、ヨーロッパの政治は、皇帝と、彼を支える元老院議員や上級軍人ら、少数の支配階級が独占的に動かしていました。その後、北方からのゲルマン系諸民族の侵入により帝国が打倒され、部族ごとに国家を形成していきます。ほどなくキリスト教化した、それら新国家群による約千年間を指す言葉が、俗に〝暗黒の時代〟と呼ばれる「中世」です。

中世の長い間、各国にいる地方領主たち（彼らが後にいわゆる〝貴族〟となります）と、その代表としての君主（王）、そして教会が政治と経済、文化のほとんどを動かしていました。

この絵（図8）は、ルネサンスが始まる前の、およそ百年間にわたる「プロト・ルネサンス」と呼ばれる時代に描かれたものです。この絵は、当時の社会構造をよく表しています。ここには三人の人物が描かれています。中央にいるのはキリスト、あるいは「父なる神」を描いたものです（複雑なのでここでは詳しく述べませんが、本来は区別されていたキリストと神は、当時〝同じものの別の姿〟として同一視されるようになっていました）。神は、両側にいる人たちに物を渡しています。

まず、神から剣を渡されている左側（向かって右側）の人物は、頭に王冠を戴《いただ》いているので皇帝だとわかります。剣を渡されているのは、彼が神から権力を与えられたことを意味しています。

図８　聖俗両界の図。『ラテン手稿（Ms. Latin）3893 番』、第一紙葉、パリ、国立図書館。

一方、右側（向かって左側）にいる人物に渡されているのは「鍵」です。ずいぶん大きく、現代の鍵とは形もずいぶん異なります。この鍵は、この頃から爆発的に普及していきます。

地中海海域で貨幣の流通量が増大したことは前述しましたが、プロト・ルネサンス時代の貨幣とは、単に交換のためだけでなく、「富を保存しやすい形に変換したもの」にほかなりません。そして、多くの都市住民が余剰の貨幣を自宅に貯めておく必要が生じれば、それを守るための「鍵」の必要性も高まるのは当然です。

鍵を渡されている人物は、聖ペテロを意味します。描かれている人物が誰であるかを示す記号的要素を「アトリビュート」と呼びますが、聖ペテロは、キリストから「教会の礎石となれ」という意味で「天国の鍵」を渡されたということになっています。そのため、聖ペテロは鍵をアトリビュートとしています。

この絵は、神が皇帝に力＝俗界の権力を与え、この世の〝物質的な側面〟を治めるように託す様子を描くと同時に、初代教皇ともみなされている聖ペテロに聖界の権力を与え、この世の〝精神的な側面〟を司《つかさど》るように命じた様子を描いています。

つまり、中世においては、皇帝を中心とする支配階級は武力で、そして教皇を頂点にいただく教会は信仰の力で人々を支配していたのです。ちょうど日本の江戸時代に、将軍と天皇がいたことと同じだと思えば理解しやすいかもしれません。

しかしやっかいなことに、すべての生産活動に対して、支配階級だけでなく同時に教会も独自に税金をかけていたり（後述）、教皇庁自体、れっきとした独立国家として世俗権力を行使する存在だったため、両者の間では諍《いさか》いが絶えませんでした。

こうした〝二重権力構造〟のせいで、中世は常に不安定な状態にありました。人々はどちらの陣営に属したほうがよいのかを議論し、時には激しい抗争を繰り広げていました。それだけ、この二つの権力の存在は中世の人々にとって圧倒的なものだったのです。これは、ルネサンスとは何かを理解するうえで重要な点なので、ここで覚えておいてください。

しかし、このような社会構造は、商業活動の発展にともなって、すべての都市において、徐々に商人層が政治の舞台でも中心的な働きを果たすようになることによって変化していくのです。

ギルドの登場

彼ら商人層は職種ごとに同業者組合（ギルド、イタリアではアルテといいます）を作ります。これはただの寄り合いや仲良しグループなどではなく、自分たちの権利を守るための一種の談合組織です。

例えば、ある職種の景気がいいとなると、「それなら私も」と、同じ商売を始めようとする人が出てくるのは当然です。しかし、これを認めてしまうと、商店の数も無制限に増えてしまいます。そのため、彼らはギルドが〝親方（マイスター、マエストロ）〟として認めた人

図9　魚屋のギルド。14世紀のイタリア。シャンティイ、コンデ美術館。

でないかぎり、新規参入を認めないというルールを作ったのです。自由競争を阻害するものとして、現在ではタクシー業者や理髪店など、一部の業種を除いてこうしたルールは禁止されていますが、当時の同業者組合は、まず、こうした許認可システムによって同業者の数を制限しようとしました。

また、ギルドでは最低価格などもルール化しました。例えば、魚屋さんのギルドを見てみましょう(図9)。ある週、ニシンがいつもより大漁だったとします。すると、ある店では他の店よりもちょっと安い値段をつけて多く売ろうとします。そうなると、隣の店では競争に負けないよう、さらに安い価格をつけざるをえません。

このような価格競争が始まると、せっかくの大漁にもかかわらず、一店舗あたりの利益率は下がって

図10　さまざまなギルドとその紋章。ルネサンスより後のもの。左から、大工、金銀細工、靴屋、建具屋、綿紡績工、画家。

いきます。これを防ぐべく、ギルドでは最低価格をルール化したのです。

こうして、あらゆる業種にギルドが誕生しました（図10）。一部の都市では物乞《ものご》いのギルドまであったほどです（もちろん、一人頭の取り分が減らないよう、〝新規参入〟を制限するためです）。

特に、当時の主要業界である繊維業や金融業、公証人などの司法関係者や医師・薬剤師組合などが強い力を持つようになります。フィレンツェでは、七つほどあるそれら主要ギルドを「大アルテ」と呼び、鍛冶屋や肉屋、パン屋や靴屋など十四ある業種の「小アルテ」と区別します。

そして、大アルテがそれぞれ出す代表者が集まり、ついには都市の重要事項を彼らが話し合いで決定するようになります。合議制により運営されるこれら

「自治都市国家」のことを〝コムーネ〟と呼びます。

コムーネの運営

一一世紀には、初期段階のコムーネが早くも登場しています。ヴェネツィアでは、ビザンティン帝国から金印勅書《きんいんちょくしょ》を贈られた一〇八二年を、そしてフィレンツェでは、同地域の領主だったトスカーナ辺境伯マティルデ（有名な「カノッサの屈辱」事件の主人公です）の死去にともなう一一一五年の宣言をもって、コムーネ誕生の年としています。

ほとんどすべてのコムーネは、拠点となる都市と、それに従属する周辺の農村地域からできています。ここで重要なのは、農地のほとんどが都市住民によって遠隔経営されているという点です。

自分の家族や親戚といった極小の共同体では、自分たちの食べるものは自分たちで直接作っていました。その後、比較的早く導入された「貨幣による納税」が普及するにつれ、農村にも貧富の差が生じてきます。すると、富める者が土地の所有者となって、貧しい者を自分の農場の小作農として雇う形態が増えてきます。こうして少しずつ大土地所有者が登場し、それにともなって貧富の差もより拡大していきます。やがて大土地所有者たちは皆、都市に住み、監督者を雇って自らは時おり監視に行くだけのような遠隔経営が基本となったのです。結果的に中世末期には、「拠点都市」と、従属周辺地域（「コンタード」と呼びます）の間にかなりの格差が生じるようになりました。徐々に農村から都市に人口が流入し、その結果、物資も都市に集中するようになります。都市はますます富み、城壁や門を整備して堅く守られるようになります。このように、コムーネはあくまで都市を中心とし、都市だけが独立国として存在し、コンタードを支配下に置いているような形をとります。

都市が国家の基本単位であり、都市だけが富む構造なのにはさらなる理由があります。というのも、コムーネの収入のかなりの部分を「城門での関税」が占めていたからです。例えば一四世紀のフィレンツェでは、年度収入の約三分の一が城門での関税によるものです（ちなみに次に多いのが、約六分の一を占めていた酒税です）。一四世紀のフィレンツェは繊維業や金融業でヨーロッパを代表する〝富めるコムーネ〟になっていたことを考えると、歳費の三分の一を占めていた城門関税の重要さがわかります。コムーネの盛衰はまさに、どれだけの物資が都市の城門を通過するかにかかっていたのです。

このような仕組みによって、戦争の手法さえ自ずと決定されます。例えばフィレンツェは

図11　フィエーゾレから見たフィレンツェの街。

一一二五年、フィレンツェから五キロほど北にある丘の街のフィエーゾレ（図11）を襲い、街を破壊したあげく、全住民をフィレンツェに移住させてしまいました。城壁内人口を増やしたほうが城門を通過する物資も増えるため、こうした乱暴な手法を採ったのです。フィレンツェは、フィエーゾレから派生してできた街です。皮肉といえば皮肉なものです。

こうして、実質的な独立国家として機能していたコムーネは、近隣のコムーネと衝突や合併を繰り返しながら、いくつかのグループに収斂《しゅうれん》していきます。現在も主要都市となっているミラノやローマ、フィレンツェやヴェネツィアといった都市群は、それぞれかつては相互にしのぎをけずる独立国家でした。

ルネサンス時代に至るしばらく前から、ヨーロッパはこのような群雄国家による戦国時代となっていました。

図12　ドナテッロ、〈聖ゲオルギウス〉、1416年頃、フィレンツェ、バルジェッロ美術館。

〝第三のパトロン〟となったギルド

本書の冒頭でも述べたように、日本では戦国時代に英雄や大芸術家が次々と現れましたが、それはイタリアでも同様です。ここまで見てきたような社会構造の変化は、当然のように、芸術分野にも新たな変化をもたらします。

フィレンツェに、〈聖ゲオルギウス〉という作品があります（図12）。作者のドナテッロは、絵画のマザッチョ、建築のブルネッレスキとともに、彫刻分野でフィレンツェの初期ルネサンスを牽引《けんいん》した大芸術家です。

〈聖ゲオルギウス〉はオルサンミケーレ聖堂を飾っていた作品ですが、現在は聖堂の近くにあるバルジェッロ美術館で、広大な「大委員会広間」の内部を飾っています。

正面の壁の真ん中で、目線よりもかなり高い位置にくぼみ（ニッチ）がうがたれており、その中に〈聖ゲオルギウス〉が鎮座しています。二メートルを超す大型の大理石像は、穏やかながらも知的で意志の強そうなたたずまいをしています。

聖ゲオルギウスは現在のトルコで布教活動を行ったとされる伝説的な人物で、囚われの王女を救い出すためにドラゴンを退治するエピソードで知られています。天使の軍勢を率いる大天使ミカエルと並び、キリスト教の主要なキャラクターの中でも数少ない〝鎧《よろい》をまとった聖人〟として、聖ゲオルギウスは武器製作者や武器商人たちの守護聖人と位置づけられています。

〈聖ゲオルギウス〉で重要なことは、この作品を注文したのが〝武具馬具組合（甲冑組合・刀剣組合とも呼ばれる）〟である点です。前述したように、コムーネを実質的にギルドが運営するようになる以前は、支配階級と教会が政治と経済を握っていました。そのため、芸術作品も、その両者が支払って制作させる、両者のための創作活動によってそのほとんどが占められていました。

ルネサンス彫刻を創始した最初の大芸術家が、奇《く》しくもギルドの守護聖人の像を、君主でも教会でもなく、新たに力をつけてきた〝第三のパトロン〟たるギルドからの注文によって制作したことは、プロト・ルネサンス社会の特質を如実に反映したものとして重要です。

１-３　金融業の発達

大天使に護られて

『トビト書』という旧約聖書の外典があります。外典とは、いったんは正典と同じ扱いを受けていたものの、後に正典からは除外された文書を意味します。『トビト書』は紀元前二世紀頃から存在し、広く読まれていました。

＊

信心深いトビアスの父は、遠く離れた人にお金を貸したまま、ある日視力を失ってしまいました。そこで、まだ若き息子トビアスが、父の代わりに資金回収の旅に出ることになります。大天使ラファエルの守護のおかげで、トビアスの旅は順調に運び、無事、お金を受け取って帰ることができました。大天使に言われた通り、途中つかまえた魚の胆嚢《たんのう》をすりつぶして父の眼に塗ると、父の眼が再び開きました。めでたし、めでたし――。

内容だけ読めばたわいもない話です。しかし、ここで重要なことは、この〈トビアスと天使〉という話が古くから広範囲で愛読されていたにもかかわらず、以下に見ていくように、ルネサンス時代のフィレンツェやシエナのあるトスカーナ地方で目立って流行した点です。

ここに掲載した作品（図13）も、画家の実名こそわかりませんが、ルネサンス時代にフィレンツェ近郊の小村で描かれた作品です。

画面には大きく三人の大天使が並んでいます。このエピソードに登場する大天使は本来ラファエルだけのはずですが、ここではミカエルとガブリエルが加わって三人に増えています。彼らの間に、小さく申し訳程度に描かれているのが主人公のトビアスです。エピソードに出てくる通り、トビアスは手に魚をぶらさげています。

＊

この頃、繊維業の加工貿易で成功したフィレンツェでは、今日の〃銀行業〃に当たる仕組みを発明し、資金力を増やしていました。

もちろん、このような業態は古くから存在しますが、旧約聖書の『申命記』に「利子を取って貸し付けてはならない」と明言されていることからもわかるように、「利子」という問題はキリスト教徒にとって悩ましいものでした。一一七九年に開かれたラテラノ宗教会議では、高利貸しを行った者をキリスト教の信者として埋葬することさえ禁じています。

しかし、十字軍を契機として商業活動が盛んになってきたこの時期、ある街で特定の産物を仕入れ、それを遠い異国へ持って行って売りたいと思った人はどうすればよいのでしょう。商品を仕入れるためのお金を、誰かから借りないことには話になりません。もちろん、一定期間借りた後には利子をつける約束をしないと、誰も彼にお金を貸してはくれないでしょう。こうして、銀行業の必要性は否が応でも高まってきました。しかし、面と向かって誰かにお金を貸して利子を取ることは禁じられています。そこで、ある方法が生み出されました。それが〝両替商〟というシステムです。

図13　プラートヴェッキオの画家、〈トビアスと大天使たち〉、1440年、ベルリン絵画館。

テンプル騎士団と送金業

この工夫の原型となったものが、やはり十字軍時代に始まっています。

図14　ラ・ヴェーラ・クルス教会、テンプル騎士団によって13世紀に建てられた。セゴヴィア、スペイン。

聖地を奪ったキリスト教徒たちは、生活に必要な物資や武器、人員をヨーロッパから大量に送り込みます。しかし、周辺は対立するイスラム教国で占められています。ヴェネツィアの船で運んできたものを陸揚げしてからは、いつどこで襲われるかわからない内陸の道を、不安にかられながら歩かなければなりません。

実際、突然やってきたキリスト教徒の大群に住処を奪われた形のイスラム教徒たちは、徐々に態勢を整えて反撃に打って出るようになっていました。そこで、聖地などの内陸部の各拠点と、港からそれらに至る道程の守備を任務とする騎士団が組織されたのです。彼らの本部として、かつてソロモンが建てたとされるエルサレムの神殿跡が与えられたので、この組織は〝テンプル（＝神殿）騎士団〟と呼ばれるようになりました（図14）。

そして、多くの犠牲を払いながら危険な任務に就く彼らには、いくつかの特権が与えられました。その一つが、当時あらゆる経済活動にかけられていた〝十分の一税〟の免除です。十分の一税とは、いうなれば消費税が十パーセントで、それらすべてを教会が受け取るような仕組みのことです。同騎士団は、その支払いを免除されていました。

また、ヨーロッパ内陸部の各地から戦地へ赴く騎士たちが、旅路と滞在に必要なすべての金銀貨を持って歩くのは危険です。そのため、地元にあるテンプル騎士団の支部にお金を預け、その金額が書かれた証文を持ち、旅先で現金化する手順が踏めるようになりました。騎士団はその過程で手数料を取りましたが、なによりも、大量に預けられた現金を元に、農園を購入するといった投資を行える「うまみ」を手にしました。

図15　1314年に行われた、テンプル騎士団長ジャック・ド・モレーと教導士ギーの火刑、『フランス年代記』、14世紀後半、大英図書館。

余談ですが、こうした経緯によって、テンプル騎士団はお金持ちとみなされました。後に、十字軍の失敗の責任を負わされるような形でテンプル騎士団が廃絶させられた時（図15、45ページ）、たいした資産が見つからなかったため、〝テンプル騎士団の隠し財宝〟という伝説が生まれています。日本でいえば徳川の埋蔵金伝説のようなものです。

話を元に戻しましょう。ここで大事なことは、テンプル騎士団によって、十字軍に参加する騎士たちがヨーロッパ内陸部で現金を預け、遠征先で証文を見せてお金を引き出すというシステムが考案されたことです。それまで物々交換がほとんどだったヨーロッパで、十字軍を契機として貨幣経済が盛んになり、ここで、金貨や銀貨ではなく、ただの〝紙切れ〟に現金と同じ価値を与えて通用させる方法が生まれたのです。

こうしてできあがった土壌の上に、フィレンツェをはじめとするイタリア中部のトスカーナ地方を中心に、近代的な金融業のはしりとなる〝両替商〟なるシステムが考案されるのです。

〝両替商〟なる新発明

この華麗な装飾をほどこされた部屋（図16）は、中部イタリアのペルージャという街にあ

図16　ペルジーノ工房、〈コレッジョ・デル・カンビオ（両替商組合）の内部装飾〉、1497～1500年、ペルージャ。

る〝両替商組合〟のホールです。この装飾を描いたのはペルジーノという画家です。ペルジーノはペルージャを代表する芸術家となったため、ペルージャ近郊の生まれながら〝ペルージャの人〟というあだ名で知られるようになりました。

彼は経営者としてマネジメントに優れており、当時最大の工房の一つを経営するほどの成功を収め、この大きな注文にも大工房を挙げて取り組みました。ちなみに、彼の工房には後に盛期ルネサンスを代表する画家となる若きラファエッロがいました。金やラピスラズリ（深い青色を出す半貴石）をふんだんに用いた、いかにもお金がかかっていそうな部屋です。この作品だけを見ても、当時の両替商人たちが莫大な利益を上げていた集団であることがわかります。

それにしても、なぜ〝銀行業〟といわず、〝両替商〟

という名前がつけられたのでしょうか。それは、彼らが行っていたシステムが、〃両替〃をフルに活用した方法だったからにほかなりません。その方法を、例を挙げて簡単に説明してみましょう。

当時の二大基軸通貨は、前述したようにヴェネツィアとフィレンツェの通貨です。それらはいずれも三・五グラム弱の二十四金でできた金貨です。時期や、取り引きを行う地域によって若干の上下はありましたが、ほぼ同じ価値を有していました。

さて、ある銀行のフィレンツェ本店で、銀行が客に百フィオリーノ貸したとします。お金を借りた客は、例えばその半年後、銀行に利子を加えた百十フィオリーノを返さなければなりません。しかし、銀行側が百十フィオリーノをそのまま受け取ってしまうと、聖書の禁止条項に違反してしまいます。

その危険を回避するにはいくつかの方法があります。例えば、客の代理人がヴェネツィアにいたとします。この場合、代理人が半年後にヴェネツィア支店に百十ドゥカーティ支払うだけで、銀行側は直接利子を取ったという誹《そし》りから逃れることができます。しかし、他国に代理人のいる客はそうそういるわけでもありません。そのため、銀行自身が代理人を用意するのです。すると、同じ銀行の中で決済することになるため、実際にやりとりするのは証文のみとなります。つまり、支店間でのお金の移動は決算期にまとめて行うまでは帳簿上の処理だけで済ませ、一方、客は銀行の指示に従って現金を渡せば済むことになります。これが、違反を避ける一つの方法です。

もう一つは、「為替と、戻し為替」と呼ばれる方法です。これは、前記の方法に組み込まれているのが通例です。当時のフィレンツェ－ヴェネツィア間での文書のやりとりには、通常、片道で一週間近くかかります。その間に、「為替の変動」が発生しています。銀行側は、フィレンツェ本店でお金の借り手にお金を貸した時に、まず証文（手形）を発行し、それをヴェネツィア支店に送付します。ヴェネツィアでは〝良い為替の頃合いを見計らって〟手形を現金化します。ヴェネツィアではそれを再度手形化し、フィレンツェへ送ります。フィレンツェではまた〝良い為替の頃合いを見計らって〟、その手形を最初の借り手に買わせるわけです。これがうまくいけば、最初のお金の借り手が、たとえ利子を一切乗せることなく、最初に借りた金額だけを返したとしても、銀行側に利益が出ます。これなら、教会に対しても、まったくやましいところなく利益を得ることができるのです。

外貨為替には変動リスクがあり、実際にはもっと複雑な処理を要するのですが、おおまかにいえば、外貨間での両替を利用して合法的に利子を取るという方法です。

経済システムと主題の流行

為替は常に変動しています。したがって、先の方法を恒常的に利用するには、多くの国に支店を構え、常に複数の外貨を使えるようにしたほうが有利です。そのため、トスカーナ地方に本店を置く銀行の中には、ヴェネツィアやロンドン、パリはおろか、はるかアレクサンドリアやコンスタンティノープルにまで支店を設けるものも現れました。中でも大規模な銀行となったバルディ家やペルッツィ家などでは、海外に十五を超える支店を有していました。

現代のような電子ネットワークがない時代にあっては、手書きの証文だけが信頼に足る唯一のものとなります。ということは、遠く離れた異国の支店まで、誰かが証文を、そして時には決済のための現金を運んで行かなければなりません。初期段階の郵便システムはすでに始まってはいましたが、そのような大事なものすべてをまかせるわけにもいきません。社員に運ばせたにせよ、多額の現金を運んでいる社員が、旅の途中で魔がさして現金を持ったまま逃げてしまわないともかぎりません。

そこで彼らは、最後には家族や親戚といった血縁に頼ることになります。つまり、いくらでも人を雇える大銀行でも、重要なやりとりの時には自分の息子や弟などに行かせる必要が生じることになります。当時の旅路はただでさえ危険です。ましてや、多額の現金など運ぶとなったら……。

なぜ、ルネサンス時代に、特にフィレンツェやシエナといった、当時の金融の中心地であるトスカーナ地方で〈トビアスと天使〉の主題が好んで描かれたのか、もうおわかりだと思います。危険な旅路を行く、まだ若き息子の無事な帰還を願う彼らにとって、金貸しの息子が天使に護られて旅をする主題は、これ以上ないほどにあやかりたいストーリーだったのです。

もう一度、プラートヴェッキオの画家の〈トビアスと大天使たち〉（図13、43ページ）を見てください。旧約聖書の外典であるため、時代設定ははるか昔の中東地域のはずですが、トビアスはとてもおしゃれな服装をしています。もちろん、これは画家が「はるか昔の中東地域」の衣装を知らなかったせいです。しかし、それ以上に、トビアスがルネサンス時代の富裕商人の子弟が着る典型的な服装をしていることが重要です。金融業の親たちは、このトビアスのエピソードにかけて自分たちの子の安全を祈願するわけですから、こうした格好をした子弟が描かれたほうが感情移入しやすいわけです。大天使が絵の中で三人に増えていたのも、そのほうが頼もしく映ったからに違いありません。ある主題が特定の地域と時代に流行する裏には、必ずこうした理由があります。

彼らの金融業は大成功を収めます。当時のフィレンツェやシエナでは、市の税収の大部分をいくつかの大銀行家が独占するようになります。そうなると、政治も文化も彼らが主体となって回していくようになります。今でもイタリアの街を歩くと、近代的な意味での銀行に当たる「Banca」と、伝統的な両替商を意味する「Cambio」の両方を見かけます。

彼らの富こそ、ルネサンスが花開くための土壌となる社会を準備したのです。

第2章 古代ローマの理想化

前章では、ルネサンスが花開く土壌となった、ヴェネツィアとフィレンツェにおける経済活動の発展を見てきました。中世では、君主らの支配階級と教会が、政治・経済・文化のすべての面において主導権を握っていたのですが、都市住民が経済力をつけることによって、社会構造が徐々に変化していったのです。

それを受けて本章では、そうした動きがなぜ古典復興（ルネサンス／古代再評価）につながっていったのかを見ていきましょう。この時期は、ちょうど「プロト・ルネサンス期」と呼ばれる時代に当たります。これは、十字軍以降の変化の胎動が、実際に形となって現れてきた時期に相当します。徐々に現れてきた動きなので明確な年代区分はできないのですが、おおよそ一四世紀のほぼ全期間に当たります。

社会構造の変化はまず政治の世界に現れ、次いで文学の世界に波及します。中心となるのはペトラルカとボッカッチョの二人です。そして、美術の世界ではジョットが現れて、来るべきルネサンス時代における美術の変革を予告するのです。

２－１　なぜ古代を理想視したのか

〝再生〟と、ルネサンスについての誤解

「ルネサンス（Renaissance）」とは、〝再生〟〝復興〟を意味するフランス語です。もともとは、一六世紀のイタリア人ヴァザーリが著書『美術家列伝』の中で用いた「rinascita」という用語から来ています。『美術家列伝』は、プロト・ルネサンスとルネサンス期に活躍した芸術家を数多く採り上げ、その伝記と作品解説をほどこしたものです。また、この本は単なる伝記にとどまらず、ルネサンス期における芸術の理念なども表明されているため、ヴァザーリは最初の美術史家ともみなされています。

〝rinascita〟はイタリア語の動詞〝rinascere（再び ri ＋生まれる nascere）〟の名詞形ですが、では、何が〝再び生まれた〟のかといえば、それは古代ギリシャ・ローマ時代の芸術と思想を指しています。前章で私たちはルネサンス文化を準備した社会構造を見てきましたが、で

は、なぜ花開いた文化が目指したところが「古代ギリシャ・ローマ」である必要があったのでしょうか。

それには、何か強力な理由が一つだけあったからというわけではなく、同時に起こっていた異なる条件を合わせると、たまたまそこへ向かうようになっていた、と言ったほうが正確です。以下に、その「諸条件」を個別に見ていきますが、ここで、ルネサンスについての大きな誤解をまず解いておかなければなりません。

その誤解とは、「ルネサンスは一四〇〇年頃、フィレンツェでメディチ家によって突如として始められた」というものです。

まず、ルネサンスの始まりを一四〇〇年頃とする点です。たしかに、ブルネッレスキやドナテッロといった、大芸術家たちが続々と出てきたのはその頃ですが、実際にはそれよりももっと前からルネサンスは始まっています。

それが目に見えにくいのには二つの理由があります。一つは、その多くが、まずは文芸面での活動であったことです。造形芸術と異なり、文字による文化活動は、当時の識字率の低さもあって非常に限られた人々が中心となっていました。

もう一つは、造形芸術に「署名」する文化がまだでき上がっていなかったためです。この先で見ていくことになりますが、いくら優れた絵画作品が描かれたとしても、それがどこの誰によって制作されたものかがわからなければ、大芸術家として記録されるはずもありません。

次の誤解は、メディチ家によってルネサンスが花開いたとする点です。メディチ家が、特に一五世紀のフィレンツェ・ルネサンスに果たした貢献はたしかに偉大なものです。しかし、フィレンツェには、メディチ家よりももっと成功していた家系がいくつもありました。それなのに、なぜメディチ家ばかりが名高いのでしょうか。このことは、次章で改めてじっくりと見ることにします。その前に、本章では古代ローマへの回帰現象と文学面で起きた新しい潮流、そしてプロト・ルネサンスの胎動を見ていきましょう。

コーラの夢

一三四七年五月二〇日、ローマで、ある革命政府が誕生します。コーラ・ディ・リエンツォ（図17、58ページ）を中心として建てられた新政府は、矢継ぎ早に法律を発布し、貴族たちをローマから追い出そうとします。

図17　ジローラモ・マジーニ、〈コーラ・ディ・リエンツォのモニュメント〉、1887年、ローマ、カンピドーリオの丘。

プロト・ルネサンスの社会では、ギルド（アルテ）が大きな力を持つようになっていたことはすでに見てきた通りです。それでも、古くから続く貴族たちの存在もまた、無視できない力を持っていました。したがって、その両者が真っ向から衝突するのは必然でした。

一三一三年頃にローマの宿屋の息子として生まれたコーラは、公証人という、今の司法書士と弁護士を合わせたような仕事をしていました（ちなみにレオナルド・ダ・ヴィンチの父親も公証人です）。この仕事は公的な契約が結ばれる時には必ず必要となるので、そのおかげで彼は政府関係の仕事に深く入り込むことができ、政府内に徐々に賛同者を募りながらこの日を準備していました。

当時のローマには、教皇がいませんでした。皇帝と教皇の権力抗争のあおりで、教皇庁全体が南フランスのアヴィニヨンという街に引っ越していたのです。そのためローマは、地方豪族たちによる一種の分割統治のような、非常に混乱した状態にありました。彼ら豪族たちは、かつての地方領主たちであり、自分たちの領土の自治権を認めてもらう代わりに年貢を皇帝に納め、戦時には騎士として皇帝の元に駆けつける、いわゆる〝貴族〟でもありました。

ローマはかつての百万都市の面影もなく、人口もその十分の一ほどしかありません。そこを、コロンナ家やオルシーニ家といったいくつかの貴族たちが、好き勝手に分割統治していたのです。

そこに、ある日突然新政府が誕生し、貴族たちを駆逐し始めたのです。コーラが就いた「護民官（トリブヌス・プレブス）」は、その名の通り「民を護る」者を意味する称号で、共和政ローマ（前五〇九‐前二七）の時代にできたものです。共和政ローマは、「共和政」とついているぐらいですから、もちろん王や皇帝が治めるような君主政国家ではなく、ローマ市民（プレブス）の中から選ばれた代表が動かしていました。また、共和政ローマ時代には、護民官は必ず市民（平民）出身であることが条件で、貴族を出自とする者には資格がありませんでした。

護民官はこのような時代の称号ですから、コーラが何を意図していたかは明確です。すなわち、彼は皇帝や教皇、貴族たちが実権を持つ前の、古代ローマの共和政への回帰を目指したのです。もちろんその頃には、前章で見た通りイタリアの多くの都市で、実質的に住民たちによる自治運営が始まっていましたが、名目上はあくまでも皇帝か教皇のどちらかに従属するか、さもなければ有力豪族を領主にいただく形をとっていました。しかし、コーラはそれらをあからさまに排除し、自分たちの手に戻そうとしたのです。

彼の挑戦は過激なものでした。特に、一応はコーラとともに共同でローマの代表を務めていた教皇代理を解任したことは、危険極まりない「賭け」でした。ローマにのさばっていた貴族たちを駆逐したことはアヴィニヨンの教皇庁にとっても好都合でしたが、コーラがはっきりと教皇にも反旗を翻《ひるがえ》したことで、流れは一気に変わり始めます。そして、コーラを熱狂的に支持していた市民たちの間にも不安が拡がります。

一方、コーラ自身は、護民官としての戴冠式を大々的に挙行する行動に出ます。それはまるで、かつてのローマ皇帝の戴冠式を偲《しの》ばせるほどの豪華なものであり、共和政の指導者としては奇妙な行動でした。これは、フランス革命の英雄だったナポレオンが、革命後に自ら皇帝となって左派知識人たちをガッカリさせた構図とよく似ています。

こうして、教皇庁の怒りを買い、それにともなって市民の支持も失い、息を吹き返してきた貴族たちにも攻められ、コーラの反乱はあっけなく終わってしまいます。しかし、共和政への回帰を謳《うた》ったその行動は、この時代の空気——皇帝と教皇によって支配される二重権力構造下にありながら、コムーネの誕生によって〝自由〟を渇望する空気——というものをよく表していました。

ペトラルカの興奮と落胆

自由はいまこそ諸君のもとに還ってきました。自由がどれほど甘美なものか、どれほど望ましいものかは、それを失ってみてはじめてよくわかることです。（フランチェスコ・ペトラルカ、一三四七年六月の書簡「護民官コーラとローマ人民に」より、近藤恒一訳）

フランチェスコ・ペトラルカ（図18、62ページ）もまた公証人の息子として、一三〇四年にイタリア中部のアレッツォに生まれました。彼は三十七歳の時にローマで桂冠詩人の栄誉を受けており、当代随一の文化人・知識人として高い名声を確立していました。

桂冠詩人とは、古代ギリシャとローマにおいて、文芸の頂点たる詩を究めたとして、月桂樹でできた冠を授けられた者を意味します。ペトラルカはこの古《いにしえ》の栄誉に浴することを切望していました。彼が詩の創作の際、着想源としていたミューズ（詩神）は〝ラウラ〟とい

図18　アルティキエロ、〈聖ゲオルギウスによる洗礼〉部分（フランチェスコ・ペトラルカの肖像）、1376年頃、パドヴァ、サン・ジョルジョ祈祷所。

う女性でしたが、月桂樹（ラウレア）とほとんど同じ名前を持っていることは象徴的です。彼は古代ギリシャとローマの文化を高く評価しており、古代以来久しく絶えていた桂冠詩人に自分がなることによって、自分自身が古代の文芸を甦《よみがえ》らせる者となろうとしたのです。

彼はかつてローマが「カプト・ムンディ（世界の都）」として君臨していた栄光の時代に思いを馳せ、自らも古代の思想家や詩人たちの著作を収集し、勉強していました。彼は集めた本を読むことや、自分の著作活動にエネルギーのすべてを注ぐため、教皇書記などの重職のオファーをすべて断り、定収入が約束された閑職である参事会員という聖職に就いています。しかし、アヴィニヨン近郊に住む彼は、教皇庁のご意見番としても尊敬されており、時には教皇庁の使節として各地に派遣されてもいました。

そこへ、コーラによる新政府樹立の報が飛び込んできたのです。

その昔、コーラがローマ市使節としてアヴィニヨンに来た時に、ペトラルカはこの九歳下の情熱的な若者と親交を結んでいます。その彼が、共和政ローマを復活させようとしている！　そう興奮してすぐに認《したた》めた激励状が、先に引用した一文です。

彼は教皇庁に近い人間であり、パトロンの一人がほかならぬローマ豪族のコロンナ家出身者だったため、ペトラルカにとってコーラを支持することは危険な行為でした。しかし、それでも「古代への回帰」という理想を共有するコーラへの共感を抑えることはできなかったのでしょう。

しかし、コーラが市民たちの支持を失ったこと以上に、コーラ自身の変節を見て、ペトラルカは「自分が何者だったかを思い出せ」と、元の目的から離れていくコーラを非難する決別の手紙も残しています。

ペトラルカとボッカッチョ

それにしても、「自由が市民の手に戻ってきた」というペトラルカの言葉は、彼の思想をよく表しています。彼はコーラによる共和政ローマへの回帰が、すなわち人々の解放につながると考えているわけです。

なぜルネサンスの〝人間中心の世界観〟（いわゆる〝人文主義〟）が、古代ローマの復興という形をとって表れたのか、おぼろげながら見えてきたのではないでしょうか。

すなわち、当時イタリアの各都市で始まっていた、大アルテを中心とするいわば〝擬似共和政〟コムーネの理想形を、コーラやペトラルカは共和政ローマの中に見出していたのです。ペトラルカは自分でもローマを訪れ、廃墟と化している古代の遺跡の巨大さに圧倒されたと書き残しています。

このようにペトラルカは、古代の文化を高く評価し、それを彼の時代において再評価しました。初期のコーラへの熱狂的支持でもわかる通り、共和政ローマこそが本来あるべき人間的な社会だと信じてのことです。こうした共和政への志向は、コーラとペトラルカにとどまらず、当時の擬似共和政コムーネの乱立というイタリア半島の動きに乗って拡大していきます。

さて、ペトラルカによる古書収集はかなり大がかりなもので、多くの人のつてを頼りにさまざまな書物を集めました。特に中世の間すっかり忘れられていたキケローの発掘と再評価は、ペトラルカの活動歴の中でもかなり重要なものとなっています。

図19　アンドレア・デル・カスターニョ、〈ボッカッチョの肖像〉、1450年頃、フィレンツェ、ウフィツィ美術館。

面白いことに、詩人のボッカッチョ（図19）も、ペトラルカにキケローの『クルエンティウス弁護』を含む数冊の写本を贈っています。ペトラルカよりも九歳年下のボッカッチョは、ペトラルカの良き理解者で協力者でもあり、また、ダンテの崇拝者でもありました。ただ、ダンテは二人がまだ若い頃に世を去っているので、ダンテと二人との間には直接の面識はありません。

ペトラルカが古代ローマへの憧憬からラテン語（もちろん古代ローマの言葉であり、教会や政治の場ではまだ公用語として使われていました）による詩作を中心としていたのに対し、ボッカッチョは、『神曲』や『新生』で絶大な名声を獲得し、俗語（イタリア語）によって格調高い長詩をものにしたダンテをお手本とし、自らも俗語で小説を書いています。それが『デカメロン』です。

（浮気した事実をつきつけて罵る夫に対しての、妻の反論）

若い女にとっては、恥かしいので口にこそだして申しはいたしませんが、着飾ったり食べたりするほかに、必要であることがあることを御存じでなければならなかったはずでございますね。そうした必要を、あなたはどんな風に満たして下さいましたか、それはよく御存じでいらっしゃいましょう。（ボッカッチョ、『デカメロン』、第二日第十話、柏熊達夫訳）

ペストの猛威から逃れようと郊外へ疎開してきた男女のグループが、一人一話ずつ小話を語っていくという設定の『デカメロン』が、お色気あふれる俗っぽいものであることはよく知られています。男女の不倫や聖職者の堕落など、人間の弱い面を多く取り上げているのが特徴ですが、社会風刺の鋭い視線によって、こうした「人間的な面」が活写されている点にこそ、この作品の重要性があります。ボッカッチョ以前に、人間の〝俗っぽい〟面をこれほど注意深く観察した人がかつていたでしょうか――。

ボッカッチョ自身は後にかなり厳格なモラリストになったので、『デカメロン』を書いたことを恥じるようになりました。しかし、人間自身に対する興味という、この〝文化的流れ〟は、もう誰にも止められないほど決定的なものとなりました。例えば、ボッカッチョよりもさらに十七歳年下の商人フランコ・サケッティが残した『三百の小話』（七十二話で未完に終わる）も、『デカメロン』とよく似た構成で書かれています。

ルネサンスという一大潮流は、まさにペトラルカとボッカッチョという、イタリアが生んだ二人の文化人によって、まずは文学の世界ではっきりと目に見える形となって表れたのです。

2-2　プロト・ルネサンス期における美術の変化

聖フランチェスコによる〃人間的〃イエスへの転換

次に、イエスの磔刑図《たっけいず》を二点見てみましょう（図20、図21）。

一目見て、両作品の大きな違いにすぐに気づかれることでしょう。作者不詳の〈サン・ダミアーノの磔刑像〉（図20）の作品でのイエスは、目をカッと大きく見開いて、やや上方をしっかりと見つめています。両手両足に釘を打たれて失血死の苦しみにあるはずなのに、そのような苦痛などまったく感じていないかのようです。一方、ジュンタ・ピサーノの〈磔刑像〉（図21）のイエスは、眠るように目を閉じ、体も重みで力なくS字に曲がっています。

両作品の制作年代は、わずか五十年ほどの違いしかありません。それなのに、この大きな違いはいったいなぜ生じたのでしょうか。しかも、この違いは、ここに挙げた二作品だけに限りません。中部から北部にかけてのイタリアの、ほとんど全地域で見られる現象なのです。

図20　作者不詳、〈サン・ダミアーノの磔刑像〉、12世紀末、アッシジ、サンタ・キアーラ教会。

図21　ジュンタ・ピサーノ、〈磔刑像〉、1250年頃、ボローニャ、サン・ドメニコ教会。

いったい、この五十年ほどの間に何が起きたというのでしょうか――。

ここで、やはりプロト・ルネサンス期に大きな変革をもたらした一人である、アッシジの聖フランチェスコ（フランシスコ）に登場してもらう必要があります。

聖フランチェスコは中部イタリアのアッシジで生まれ、本名をジョヴァンニ・ベルナルドーネといいます。織物商をしていた父がフランスで見初《みそ》めた女性が母であるという言い伝えがあり、そこから両親は息子を〝フランス人（フランチェスコ）〟と呼んで可愛がったとも説明されています。

前章で見た通り、イタリアは長い間、都市同士で覇権を競う時代が続いていたため、フランチェスコも若い頃は人並みに小国アッシジを背負う若者の一人として戦場に赴いています。しかし、近隣にはペルージャのような大きな街があったため、戦場で捕虜となったこともありました。当時、捕虜の身代金を要求することは戦争の一部です。そのため彼も、親が巨額のお金を支払うことで解放されています。

ある遠征の途上、スポレートの街で彼は「どこに行くのか」という不思議な声を聞きます。そこから彼の人生は一変します。彼は貧しい人々に持っているものをすべて与え、自らはボロをまとっただけの姿で、郊外にあった朽ち果てた教会をたった一人で建て直し始めます。この時、「私の教会を建て直せ」と彼に語りかけたと言い伝えられている磔刑図が、ほかならぬ〈サン・ダミアーノの磔刑像〉（図20、69ページ）です。

エキセントリックな印象を街の人々に与えたフランチェスコの元に、やがて、その情熱に打たれた賛同者が一人、また一人と集まってきます。こうして十一人にまで増えた弟子を引き連れて、二十八歳になっていたフランチェスコはローマの教皇の元へ赴きます。教皇から認可を得て、「小さき兄弟団」、後のフランチェスコ修道会が誕生します。彼らは徹底して清貧を貫き、自分たちで耕した食料で足りない時には托鉢《たくはつ》をして回りました。私有財産を放棄し、武力を否定し、童貞であることを尊び、ひたすら祈りと奉仕にあけくれる毎日を送ったのです。

彼の影響力は野原に拡がる炎のようでした。驚くべきことに、わずか十一人で始まった修道会は、彼が一二二六年に四十四歳で亡くなる時には数万人に膨れ上がり、ヨーロッパ全体に千を超える修道院を擁《よう》するまでになっていました。通常は数十年かかる列聖審査も、彼の場合は特例中の特例として、死後わずか二年で聖人となっています。

この処女の胎から、みことばは、私たちの人間性と弱さをそなえた真の肉を受け取られたのです。（聖フランチェスコ、「全キリスト者への手紙Ⅱ」より、庄司篤訳）

これは、フランチェスコが遺《のこ》した言葉です。

爆発的に人々の支持を集めた彼の、この言葉の影響もまた絶大でした。二つの磔刑図の違いも、ここに起因しています。

フランチェスコ自身が〈サン・ダミアーノの磔刑像〉を見たという伝説があるぐらいですから、この絵は当然、彼の言葉が広まる前に描かれた作品です。一方、ジュンタの作品はフランチェスコの死から四半世紀ほど経過した時点のものであり、聖人の言葉の熱気がまだ半島を包んでいる頃の作品です。先の引用文にある「人間性と弱さをそなえた」という言葉に注目してください。彼が新たに打ち出したのは「人間的」イエスのイメージであり、このことが美術において決定的な転換点となったのです。

だからこそ、超人然としてまったく痛みなど感じていなかった彼以前のイエス像が、「人間的に」死せる弱々しい遺体として描かれるようになったのです。彼が新たに打ち出した「人間的」イエスのイメージは、それまでにない斬新なものでした。彼自身がイエスから「話しかけられた」幻聴体験があるからでしょうか。彼の解釈によるイエスは人間的で、私たちと同じような弱さを持ち、また、だからこそ優しい存在でもあるのです。今日のイエスのイメージは、彼によって作られたものだと言うことさえ可能です。たった一人の言葉が、これほど宗教と美術の両方に大きな変化を引き起こした例は稀《まれ》です。

ジョットという〝予告編〟

さて、時代はそこからまた一世紀ほど下ります。ダンテと同時代人に一人、美術の世界で一大改革を起こした画家がいます。それが、ジョット・ディ・ボンドーネです。

「絵画においてはチマブーエが頂点にいたと思っていたが、今ではジョットの評判が高いせいで、その名声もかすんでしまいそうだ」（ダンテ・アリギエーリ、『神曲』、煉獄篇、第11歌、94－96行、筆者訳）

ダンテが記している通り、チマブーエもまた、絵画史にその名を残す巨人です。ジョットは、おそらくチマブーエの弟子か、あるいは弟分として、時には共作者のような関係にあったとも考えられています。

ジョットは一二六六年前後にフィレンツェ近郊に生まれ、アッシジのサン・フランチェスコ大聖堂の内部装飾（図22、74ページ）に、チマブーエらとともに呼ばれた画家の一人です。

聖フランチェスコの死後、すぐに建設が始められたサン・フランチェスコ大聖堂は、上堂と下堂からなる二層構造を持つ巨大な建物で、大聖人の墓所にふさわしいようにと、半島中から名のある画家が参集しました。ローマやピサ（ピーザ）といった各地域の中核都市の画家はもちろんのことですが、中心となったのは、フィレンツェとシエナの二大金融都市が擁する画家たちでした。

図22　ジョットほか、〈サン・フランチェスコ大聖堂上堂内部装飾〉、1290年代が中心、アッシジ、サン・フランチェスコ大聖堂。

フィレンツェ派の代表はチマブーエとジョット、シエナ派の代表はシモーネ・マルティーニやロレンツェッティ兄弟でした。フィレンツェ派（とローマ派も）は主として上堂の壁面を担当し、シエナ派の画家たちは主に下堂で腕を振るいました。

ジョットの特徴をわかりやすくつかむために、彼がフィレンツェに残した磔刑図（図23）を、先に見た二つの磔刑図（図20、図21、69ページ）と比べてみましょう。

ジュンタの作品は、人間的なイエスを描こうとした点で画期的でしたが、ジョットではそれがさらに徹底されていることがおわかりでしょうか。

ジュンタのイエスは、自らの体の重みでS字形に描かれていました。しかし、開いた両手の先をつながれてぶらさがっている人間は、実はあのようなカーヴを描くことはありません。実際には、ジョットが描いているよう

図23　ジョット・ディ・ボンドーネ、〈磔刑像〉、
1295年頃、フィレンツェ、サンタ・マリア・ノヴェッラ教会。

に、腰が後ろにひけた姿勢になるのです。

また、腹部にも注目してください。ジュンタの作品では、なんとなくお腹《なか》の肉が割れているように描かれています。鏡で見慣れたご自分のお腹を思い出すまでもなく、これは現実の人体の構造からはかけはなれた描写です。

一方、ジョットのそれは、肋骨の浮き出た位置から、ややたるんだ下腹部まで、実に写実的に描かれています。

同時代の大画家として名が挙げられていたチマブーエと比較してみても、その違いは一目瞭然です。チマブーエの〈サンタ・トリニタの聖母〉（図24、76ページ）とジョットの〈オンニサンティの聖母〉（図25、同）を見比べてみてください。

まず、聖母マリアのスカートです。チマブーエのそれが衣服の襞《ひだ》を装飾的な文様のように描いているのに対し、ジョット作品では機械的な文様は姿を消し、膝のある部

図24　チマブーエ、〈サンタ・トリニタの聖母〉、1285年頃、フィレンツェ、ウフィツィ美術館。

図25　ジョット、〈オンニサンティの聖母〉、1310年頃、フィレンツェ、ウフィツィ美術館。

分は光の反射と影によって、その衣服の下にきちんと膝があるように描かれています。これは腹部の描写などでも同様のことが言えます。

　チマブーエの描く聖母は優しげで優雅であるため、観る人によってはチマブーエのほうが好みだという方もおられるでしょう。しかし、ジョットのほうがはるかに〝写実的〟であることは明白です。ジュンタにせよ、チマブーエにせよ、彼らは習慣的に「服の襞やお腹の筋肉はこのように描かれるもの」という約束事をそのまま踏襲しているにすぎません。それに対してジョットは、多少のぎこちなさはあるものの、描かれている人物をより人間的に〝あるべき姿〟に近づけようとしていることがわかります。

このことは、聖母が座る玉座（椅子）でも同じです。チマブーエの作品を見て、マリアが座っているのが椅子であるとすぐにわかるでしょうか。もしここから聖母子の姿を消してしまったとしたらどうでしょう。おそらく私たちは、それが何であるかを判別するのは容易ではありません。この絵はそれほど、立体的な〝あるべき構造〟の描写からはかけはなれているのです。

それに対してジョットの椅子が、遠近法にこそ狂いはあるものの、それが容易に椅子であると認識させるに充分なほど自然な姿をしていることは画期的です。ここには明らかに「奥行き」への意識があります。

さらにもう一点、ジョットの作品を見てみましょう。フィレンツェの〝パンテオン〟とも言われるほど、フィレンツェ出身者の有名人のお墓が並ぶサンタ・クローチェ教会にある壁画（図26）です。

図26　ジョット、〈聖フランチェスコの死〉（部分）、1325年頃、フィレンツェ、サンタ・クローチェ教会バルディ家礼拝堂。

この作品の画期的な革新性は、聖人の死を嘆く弟子たちの〝悲しみの表現〟です。ある者はつっぷし、ある者は天を仰いで嘆き、またある者は両手を大きく広げて悲しげに聖人を見ています。このような激しい感情表現こそ、ジョット以前にはなかったものです。〈サン・ダミアーノの磔刑像〉（図20、69ページ）での、感情の揺れを一切示さない能面のようなイエスと比較すると、その違いがよくわかります。

奥行きを描こうとする意識、人体の自然な描写、そして激しい感情表現――。これら三要素は、後に表れるルネサンス美術の主たる要素そのものにピタリと一致します。ジョットは、一五世紀に確立されるルネサンス美術の原型を、一世紀近くも前に示していた偉大な〝予告編〟だったのです。

無記名と〝聖像〟

磔刑図を中心に見てきた流れを整理すると、作者不詳の〝超人的〟イエスが、聖フランチェスコの言葉を受け、ジュンタによる〝人間的〟イエスへと変化し、さらにジョットがその志向を徹底して、後のルネサンスへとつなげていく構図が読み取れます。

こうして見ると、面白いことがわかります。それは、後のルネサンス美術への流れの端緒となるジュンタ・ピサーノと、彼以降の画家たちの名前は残っているのに、それより前の〈サン・ダミアーノの磔刑像〉だけ、作者名がわからないという点です。

では、なぜそれまでの作品は「無記名」が普通だったのでしょうか。

旧約聖書に書かれている「モーセの十戒」はよく知られています。その十のタブーの中に、神が「いかなる像も造ってはならない。（中略）それらに向かってひれ伏したり、それらに仕えたりしてはならない」という一節があります（『出エジプト記』20章４‐５）。

この「偶像崇拝の禁止」という原則のため、例えば初期キリスト教美術では、イエスの姿を描く代わりに、「救い主イエス」の頭文字と同じ綴《つづ》りとなる「魚」の絵で代用したりする「シンボル（象徴）」が多用されています。この種の絵画は、地下墓所であるカタコンベなどに多く残されています。

しかし古代地中海世界では、崇拝対象となる神の顔を絵画や彫刻作品にし、それらを拝む習慣が古くから根付いていました。神殿に座っているゼウス像などはもちろんですが、ローマ皇帝の横顔をメダルに彫るような行為もその一つでした（図27、80ページ）。そのため、キリスト教に改宗したばかりの人々にとっては、やはり拝むべき対象の顔が見えたほうが信仰形態として受け容れやすかったに違いありません。

さらに、識字率が恐ろしく低かった当時、教会はキリスト教を布教するにあたり、最も強力なメディアだった絵画の力を借りざるをえませんでした。こうして、ほどなく神は人の姿で描かれるようになり、また聖書の諸場面を可視化したような説話的な美術が、教会内部を飾り始めました。

図27　ティベリウス帝のアウレウス金貨（7.55g）、36年頃の製造。

ビザンティン（東ローマ帝国）で膨大な数が作られた「イコン」は、こうした日々の信仰用に描かれたものです。イコンはもともと聖像に限らず、絵に描くこと全般を指すギリシャ語から派生した言葉です。通常はこぶりな木の板にエンカウスティック（蝋画）という技法で描かれた、キリストやマリアの顔のことを指します。

ここでは一例として、「エレウーサ型」と呼ばれる、慈しみの表情を浮かべた聖母のタイプを挙げておきましょう（〈ウラディーミルの聖母〉図28）。

イコンの多くは旅先にも持ち運びのできる大きさで、ただ単に拝むだけでなく、口づけしたり触ったりと、日々の信仰生活に欠かせないものでした。

もちろん、ビザンティン地域でも、偶像崇拝を禁じる聖書の文言とイコンとの矛盾は論争の的となってきました。実際、「聖像破壊運動（聖像論争、イコノクラスム）」も何度か起こっています。特に、七二六年にレオン三世によって始められた聖像破壊運動は、数回の揺り戻しを挟みつつ八四三年まで続いていています。

最終的に辿り着いた解釈は、「イコンに描かれた像それ自体は物体ではなく、よって聖なる崇拝対象でもなく、ただの〝聖性を宿す器〟にすぎない」というものです。つまり、人々がたとえイコンに向かって拝んでいたとしても、イコンそれ自体を崇拝しているのではなく、その像を通じて、その向こうにある〝聖なるもの〟を拝んでいるという説明がなされたわけです。

図28〈ウラディーミルの聖母〉、1100年頃のイコン、モスクワ、トレチャコフ美術館。

ここから、「イコンを描く」とはどういうことかが見えてきます。イコンに描かれている像は、あくまでも目に見えない聖なるイメージが、ただ可視的な形をとって画面上に焼きつけられたものとみなされています。もちろん、イコンにもそれを描いている〝画家〟

がいるはずなのですが、彼らは「聖なるイメージ」とされているものを、ただひたすら忠実に模倣しなければなりません。そこに、彼らの創意工夫が入り込む余地はないのです。

いえ、正確に言えば、それでも画家ごとの個性のようなものは作品の中にある程度反映されているのですが、建前上はあくまで、彼らが〝自分で思いついたり〟あるいは〝好きなように加工して〟描くのは、あってはならないことなのです。

ビザンティン美術は、西ローマ帝国の衰退と滅亡、そしてビザンティンによる西ヨーロッパ再征服運動などによって、初期キリスト教時代から始まる長い間、ヨーロッパにおけるスタンダードであり続けます。

イタリアにおいてもそれは例外ではなく、特に末期の西ローマ帝国の都が置かれ、さらにビザンティン帝国の拠点ともなったラヴェンナや、海都として文化の流入口となっていたピサは、イタリア半島におけるビザンティン美術の拠点ともなっていました。プロト・ルネサンス期に入っても、ピサ派は半島一の評価を得ており、各地に招かれては腕を振るっていました。〝ピサの人〟を意味する〝ピサーノ〟の名がついた芸術家が、プロト・ルネサンス期に大勢いるのはそのためです。

署名と自意識

〝キリスト教のための美術〟であった中世美術の、特に初期段階において、なぜすべての作品が「無記名」で残されたのか、ご理解いただけたかと思います。彼らはただ忠実に模倣する人であって、「もっと美しく、もっと神々《こうごう》しい像を描こう」と創意工夫を重ねる人であってはならないのです。

しかし、すでに見てきたように、皇帝と教皇による二重権力の下にいた時代から、市民たち（あくまで力のある上層市民ではありましたが）が自分たちで都市国家を運営するコムーネの時代がやってきました。先に引用した、ペトラルカの「自由はいまこそ諸君のもとに還ってきました」という叫びは、コーラの政治改革に対して向けられた興奮の言葉ですが、それは当然ながら文化面にも向けられていました。

ジェノヴァのあるリグーリア州に、サルザーナという街があります。ここの大聖堂にある磔刑図（図29、84ページ）は、目をしっかりと見開いて前方に視線を送っており、先に見た二つのイエスのタイプのうち〝超人的なイエス〟に当たることがわかります。体もS字を描

図29　グリエルモ、〈グリエルモの磔刑図〉、1138年、サルザーナ、サルザーナ大聖堂（サンタ・マリア・アッスンタ教会）。

く前であり、まるで自分の意志で立っているかのようにまっすぐな姿勢をしています。

この作品は、はっきりと年代と作者がわかるように署名された、最初の作品であるという点において、絵画史の中でも非常に重要な位置を占めています。

この絵には、次のように記されています（欠けている文字は補っています）。

「ANNO MILLENO CENTENO TER QUOQ(UE) DENO OCTAVO PINX(T) GUILLEM ET H(AEC) METRA FINX(IT)」。

これは、「一一三八年にマエストロ（親方）グリエルモが描いた」という意味です。この画家がどのような人物か詳しいことはわかっていないのですが、大聖堂にその作品が残るほどですから、当時も一級の画家として見られていたはずです。

もちろん、グリエルモよりも早く、年代と作者の名を署名した画家もいたかもしれません。そうした作品のほとんどが失われて、たまたまグリエルモ親方の作品だけが残ったのかもしれません。しかし、ここで重要なのは、これが本当に最初かどうかなどではなく、他者による伝聞でも記録でもなしに、画家本人が自分で自分の名前を作品に書いたという点です。

このような極端に早い時期に署名作品があることは興味深いですが、ともあれ、署名する風潮が主流となるのは、先に述べた通りジュンタ・ピサーノたちの活動期のことです。「CUIUS DOCTA MANUS ME PINXIT JUNTA PISANUS」――画家はそれが自分の手になる作品であることを高らかに宣言しています。この作品は、こうした署名作品の最初期の例の一つであるという点でも重要性を持っています。

グリエルモ親方の作品はしかし、あらゆる意味において、「はっきりと年代と作者がわかるように署名された、最初の作品」であるというのは正確な言い方ではありません。厳密には、「どの芸術家の手になるものかわかっている『初期キリスト教時代以降の』作品の中では」、という但し書きを加えるべきでした。というのも、古代ギリシャに関しては、大建築家や大彫刻家の名前と結びついている作品なら、いくらでも今に伝えられているからです。フェイディアス、ポリュクレイトス、リュシッポス、プラクシテレス……。

古い時代のことだから名前が残っていないというわけではないことは、古代ギリシャがよく証明してくれています。つまり、画家や彫刻家が自分たちの名前を残すかどうかは、単に時代が前か後かの問題ではないことがわかります。署名するかどうかについては、芸術作品の創造行為がどのようなものと捉えられているかが問題なのです。それが芸術家たち〝自身のものである〟とはっきり自覚していればこそ、彼らは自らの作品だと主張するわけです。

模倣と個性

前述した通り、ピサは中世後期までビザンティン美術の入り口として、重要な文化的拠点でした。そこでは多くの画家たちが、それまで「良いもの（聖なるイメージとしてふさわしいもの）」とされていた図像を繰り返し模倣していました。何度も名前が出てきているジュンタ・ピサーノも、ピサーノとついているほどですから、ピサから出てきた画家の一人です。

ここで、ピサと、その近郊にある二作品を見てみましょう（図30、図31）。

この作品はともに、先に触れた聖フランチェスコの生涯を描いたものです。大きな板絵の中心に聖フランチェスコの立ち姿が大きく描かれ、彼の生涯にまつわるエピソードを描いた

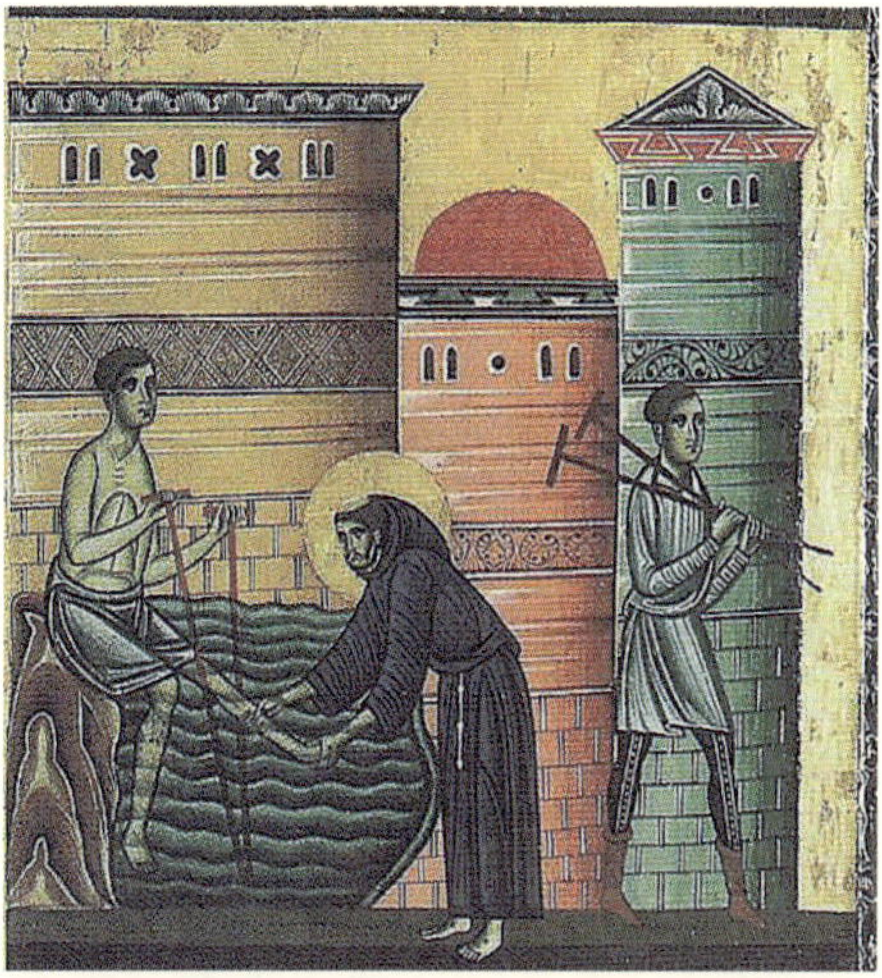

（上）図30　ボナヴェントゥーラ・ベルリンギエーリ、〈聖フランチェスコの生涯〉（部分）、1235年、ペッシャ、サン・フランチェスコ教会。

（下）図31　ジュンタ・ピサーノ、〈聖フランチェスコの生涯〉（部分）、1250～60年頃、ピサ、サン・マッテオ国立美術館。

場面が、聖人の左右に三場面ずつ、計六場面並んでいます。ここに挙げているのは、ともに右側の中段に当たり、足に障害をかかえていた人を聖人が癒す奇跡の場面です。

それにしても、聖人が亡くなったのは一二二六年のことです。それからわずか十年も経たない間に、アッシジから遠く離れたピサ地域で彼を中心に据えた祭壇画が描かれるほどですから、彼の人気がすさまじい勢いで半島中に拡がっていたことが改めて実感できます。

ベルリンギエーリの作品とジュンタの作品は、作品全体の構成もほぼ同じです。それまでの習慣にならって、ジュンタもできるだけ先行作例を忠実に再現しようとしていることがうかがえます。しかし、私たちを驚かせるのは、これらの二作品の似ている点よりも、むしろその違いです。

その中で特に注目に値するのが、画面右端にいる人物です。彼は聖人から奇跡をほどこされ、両足が快癒していることを示すように、松葉杖を肩に担いでいます。

両作品における、この人物の描写の、なんという大きな違いでしょう。ベルリンギエーリの描く人物は、実に静かに冷静に場面から立ち去ろうとしています。まるで、肩に杖を担いでいるのも、観る者に、彼が聖人の奇跡によって快癒したことをわかってもらうための、ただの記号としての行動のようにさえ思えるほどです。

一方、ジュンタのほうは、足取りも軽く、片手を挙げて、首を傾けてこちらに視線を向けています。明らかに、画面を観る者に向かって「ほらね！　歩けるようになったよ！」と嬉しそうに報告しているかのようです。

ジュンタの作品は、先例にならって大枠では踏襲された作品でありながらも、画家独自の工夫の跡を覗かせています。ここにきて、画家の〝個性〟は隠しようもなく画面からあふれ始めたのです。

彼が中世の長き「匿名性の時代」から、久々に自分の名前を作品に記す最初の一人となることも、むべなるかなといった感じです。彼は、その後アッシジに呼ばれ、聖人の名を冠した教会装飾の大事業に参加することになります。そこへジョットら次世代の画家たちがやってきて、大きな変革をもたらすことになるのは、ただの偶然ではないでしょう。ルネサンスの〝予告編〟としてのジョットの特徴の一つが、激しい感情表現だったことを思い出してくださ い。ジュンタによる人物描写も、快癒して嬉しいからこその身振り、つまり感情を表出させた人間の描き方として、とても自然なものだと思います。

ジュンタは、ピサ、ボローニャ、アッシジと、いくつもの街で制作しています。当時の旅路の困難さは想像するに余りありますが、彼やジョットのように、危険をいとわずさまざまな地域を訪れて制作を行う芸術家が現れたことも、当時の文化がルネサンスへと胎動を始めた理由の一つです。

というのも、彼らは制作地で必ずチームを組んで仕事にあたります。しかし、自分と一緒に旅をして回っている弟子たちだけでは人手が足りないため、現地の工房と手を組むことになります。そして数ヶ月かけた仕事が終われば、彼らはまた次の都市へと去ってしまいます。一方、現地の工房は、当然、その地域にとどまって制作を続けます。しかし、ジュンタやジョットのような画家たちと仕事をしたことにより、彼らは最新の技術と様式に触れることができるため、それらを採り入れて制作を行うようになります。こうして、例えばジョットであれば、各地に〝ジョッテスキ〟と呼ばれる追随者を生むことになります。このように各地に様式が伝播していき、やがて全国的な様式が形成されていきます。

十字軍という〝移動〟が、経済や文化を動かす大きなエネルギーとなったことは先に見た通りです。遠くイスラム圏にまで布教に赴いた聖フランチェスコはもちろんのこと、ジュンタやチマブーエ、ジョットのような画家たち、そしてダンテやペトラルカのような文人たちが半島中を激しく〝移動〟することによって、プロト・ルネサンスは地域横断的な動きになっていったのです。

第3章 もう一つの古代

コーラの反乱の目的が、共和政ローマの復活にあったことは前章で述べました。コーラの改革自体は短命で単発的なものに終わりましたが、これはなにも、周りと無関係に突発的に起きた出来事ではありません。イタリア全体に、擬似共和政を敷くコムーネが乱立し始めた背景があったからにほかなりません。だからこそペトラルカは興奮し、それらを代表するダイナミックな動きとして、ほかならぬローマの共和政復活に期待したのでしょう。ローマというのは、それだけ象徴的な存在なのです。

しかし、古代に栄えた共和政という点では、ローマに先んじた先輩格がいました。それが古代ギリシャのポリス社会です。しかし、古代ギリシャの文化からルネサンスへの接続は、そう単純ではありません。というのも、ギリシャを含むエーゲ海地域が地中海の東端に当たるため、キリスト教圏とイスラム教圏のぶつかり合いの最前線になってしまったからです。

そのために古代ギリシャ文化は、複雑な経路をたどって西ヨーロッパに逆流入していくことになります。ここでもまた、その潮流のきっかけとなったのは十字軍の遠征です。

3-1　ギリシャ文化の逆流

ギリシャのポリス

古代のギリシャ、というよりもエーゲ海全域にあった都市国家のことを「ポリス」といいます。早いものでは紀元前九世紀頃、つまり今から三千年も前に登場しています。ポリスは各地でバラバラに発展していきましたが、強大なペルシャが敵として同地域にまで入り込もうとしてきた時、一致協力して対抗しようとします。これを「デロス同盟」といいますが、その盟主の地位にあったアテナイが、まず民主化に成功します。それは前五世紀のことで、有名なパルテノン神殿も、この時に各同盟都市から集められた巨額の盟約金によって建てられています。

民主政といっても、まだまだ万人に開かれたものではなく、さまざまな条件をクリアした一部住民だけに市民権と選挙権が与えられていました。時代とポリスによっても異なりますが、両親とも市民であること、一定額以上の納税をしていること、十八歳以上の成人男性であることなどが一般的な条件でした。

ポリスは、複雑な海岸線からなるエーゲ海域において、いずれも島嶼部《とうしょぶ》に点在しており、おのずと耕作可能な敷地面積も限られていました。そのため、実にユニークなことに、人口がある限度に達すると新たに都市を造り、住民をそこへ分割移住させるための遠征隊が組織されたのです。この移住政策はすでに紀元前八世紀頃から始まっていたようで、ポリスの多くは二万人以下、アテナイでさえ四万人以下に抑えられていました。

一方、植民都市は次から次へと増え、東地中海にとどまらず西へも拡がっていきました。シチリア島やイタリア半島南部にも数多くの植民都市が建設されました。浮力の原理などで名高い大科学者、アルキメデスで有名なシラクーザ（シチリア島）はその代表的な例で、本家を凌駕《りょうが》する五万人以上の大規模都市となりました。これらのギリシャ系植民都市圏を〝マグナ・グラエキア（大ギリシャ）〟と呼びますが、こうした経緯によって、ローマが覇権を握る以前から、まずはギリシャ文化がイタリアにもたらされたのです。

このため、ギリシャ文化の代表的なもの、例えば劇場文化などはそのままイタリアに根づいており、タオルミーナやシラクーザなどに、今もすり鉢状をした半円形の屋外劇場を見ることができます。もちろん、ホメロスやアリストテレスなどの文学や思想ももたらされていたことでしょう。

しかし、ローマが破竹の勢いで肥大していくにつれ、ギリシャ語文化はすべてラテン語文化に駆逐されていったはずです。もちろん、その過程でラテン文化に吸収されたものもあります。ローマ神話の神々とギリシャ神話の神々とを、（あたかも神仏習合のように）一体化させていったことなどは、その代表的なものです。言い換えれば、ホメロスの神話世界はそのままローマ神話の基盤の一部となったわけです。しかし、一般的には、ギリシャ文化はイタリア半島からは表面上、ほとんど姿を消してしまいます。

古代の知識の〝逆流〟

ここでもやはり、大いなる変化が十字軍によってもたらされることになります。

十字軍時代に、西ヨーロッパの兵士たちは戦地でさまざまな珍しいものに触れます。それらは衣服であったり食品であったりしましたが、結果的に地中海貿易を盛んにし、コムーネの成立を促したことはすでに見てきた通りです。しかし彼らは現地で、他にも知らないものに触れています。〝知らない〟というよりも、〝忘れていた〟ものといったほうが正確かもしれません。というのも、それらはかつて彼らの祖先には馴染《なじ》みのものだったからです。

ソクラテスやプラトン、アリストテレスといった大哲学者たち、西洋叙事詩の創始者ともいえるホメロス、医学の父ヒポクラテス、〝ユークリッド幾何学〟にその名を残すユークリッド（エウクレイデス）……。今の世にもその名を残す、彼ら古のギリシャの偉人たちの名は枚挙にいとまがありません。彼らはすべて古代ギリシャで活躍した人々であり、その成果は、先に見たように古代ローマ世界でもある程度継承されていたはずです。

しかし彼らの業績は、中世ヨーロッパで一般にはほとんど忘れられていました。なぜなら、古代ギリシャ→共和政ローマ→ローマ帝国と、古代地中海世界の覇権が移り変わっていく過程で薄れ、さらにその後、ゲルマン諸民族の侵入により徹底的に過去の遺物となっていたからです。いってみれば、それまでの文化がいったんすべてキャンセルされたような状態にあったわけです。

ゲルマン諸民族は部族ごとに国家を打ち立て、ほどなくすべてキリスト教化し、〝中世〟に突入します。このおよそ千年もの間、それまでの科学的知識や哲学、芸術は、修道院がほとんど独占していたも同然でした。そして、ごく一部の学者・知識人層を除いて、それらは

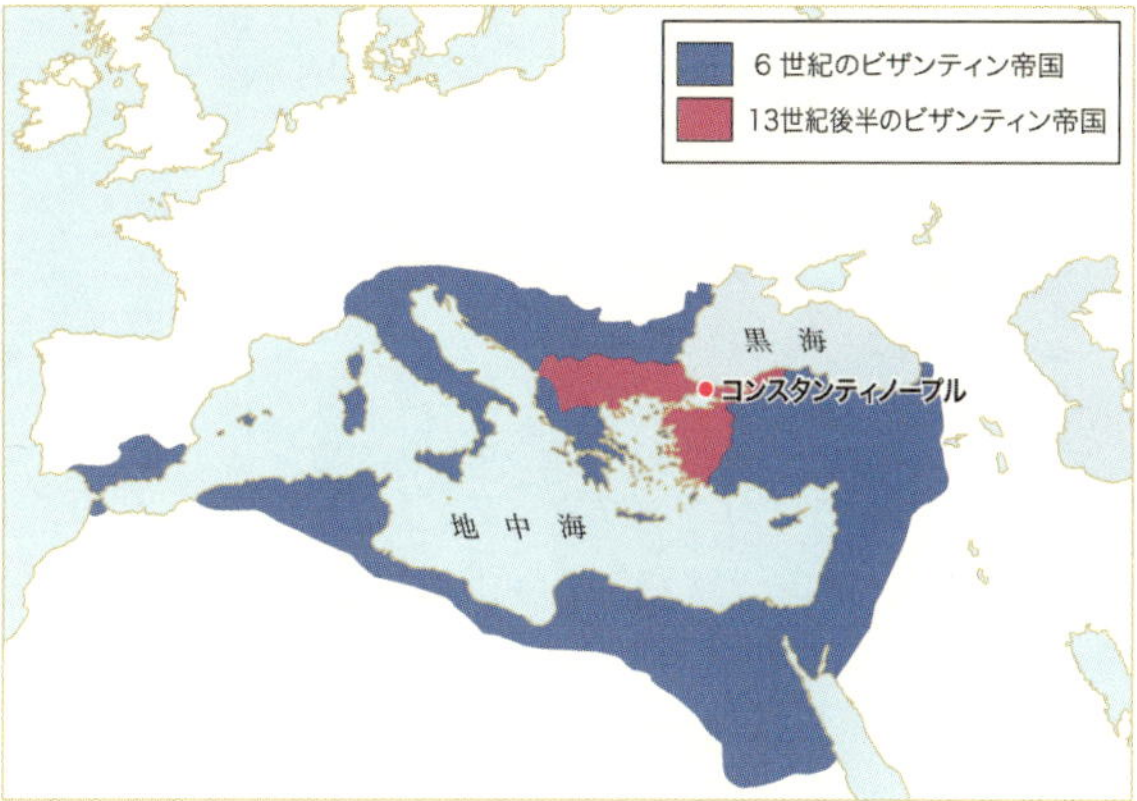

図32　ビザンティン（東ローマ）帝国の最大版図（6世紀）と、十字軍終末期（13世紀後半）の比較地図。

ことごとく否定されるか、あるいは忘れ去られてしまいました。一神教であるキリスト教の世界にあっては、ギリシャ・ローマ神話の多神教をベースとした文化がそぐわないというのも、その大きな理由の一つでした。

しかし、西ヨーロッパが分裂状態に入った後も、東ローマ帝国（ビザンティン）は命脈を保っていました。その後、中東地域で興ったイスラム教勢力が徐々に領土を奪っていったため、かつて東ヨーロッパに君臨していたビザンティン帝国も、プロト・ルネサンス時代にはコンスタンティノープルとその周辺にわずかな勢力を残すのみとなっていました（図32）。

この間、イスラム教勢力は、東ヨーロッパからただ単に領土を奪うだけでなく、その科学的知識や思想などの文化的所産を否定せずに、自分たちのものにするべく吸収していきました。

こうして、西ヨーロッパで古代文化が忘れられた状態にあった一方で、東ヨーロッパでは細々ながらビザンティン帝国がその遺産を伝え、そしてイスラム圏においてはそれを上回る規模で古代地中海世界の文化が保存され、また独自の発展を遂げていったのです。

例えば、有名な天文学者プトレマイオスは、二世紀前半にエジプトのアレクサンドリアで活躍した古代ローマの人です（エジプトも当時はローマ帝国の一部です）。ギリシャ語で書かれた彼の著作は、アラビア語に翻訳されてイスラム地域では読まれていましたが、中世ヨーロッパでは忘れられていました。それが再び西ヨーロッパへともたらされてラテン語に翻訳されたのですが、この数奇な運命を示すように、彼の主著の『アルマゲスト』という書名には、アラビア語の「アル（定冠詞）」とラテン語の「マゲスト（大いなる）」がくっついています。

この例のように、かつてはヨーロッパ圏の文化だったものがイスラム圏で保存され、十字軍後に再びヨーロッパへ逆流入したものは少なくありません。

すなわち、十字軍の兵士たちが目にした〝新しいもの〟とは、かつて放棄していた〝自分たちの文化〟にほかなりませんでした。加えて、刻一刻と滅亡の時が迫っていたビザンティン帝国から、多くの人々が宗派こそ違え、同じキリスト教圏である西ヨーロッパへと逃げ出し始めたのです。その中には多くの学者や技師たちも含まれていました。

金融都市として頭角を現していたフィレンツェには、特にギリシャ文化人の流入が激しく、一種の〝ギリシャ・ブーム〟が訪れます。フィレンツェ大学の教員でもあるボッカッチョは、大学にギリシャ語講座を開くことに成功し、しかるべき教師も招聘《しょうへい》します。もちろん、最初の生徒となったのは自分自身で、教材はホメロスのギリシャ語原典を選びました。ペトラルカとボッカッチョは、キケローのような古代ローマの思想家を発掘したように、ギリシャ古典の再評価運動でも多大な貢献を果たしたのです。

イタリアでは、やはりギリシャ語からアラビア語を経由してラテン語翻訳された形で、古代ギリシャの大思想家であるプラトンの『パイドン』や『ティマイオス』といった著作を読むことができました。熱狂的にプラトンを支持していたペトラルカは、自分でもプラトンのギリシャ語原典を集めていました。

虫の息のビザンティン帝国からイタリアに移住してきた学者や聖職者たちが、こうした翻訳文化を支えていました。そして一四五三年春、オスマン・トルコのメフメト二世によって、ビザンティン帝国の都コンスタンティノープルが陥落してしまいます。古代から続いてきたローマ帝国の命脈が、ついに断たれた瞬間でした。

図33　ジェンティーレ・ベッリーニ、〈メフメト二世〉、1480年、ロンドン、ナショナル・ギャラリー。

しかしイタリアでは、文化的レヴェルで、政治的・宗教的には敵対しているはずのオスマンとも交流があったことは特筆に値します。やはりその中心となったのは、十字軍をきっかけに始まった東方貿易（〝陽が昇る方向〟から、「レヴァント貿易」と呼ばれます）の経由地であるヴェネツィアでした。

同地域の美術様式を「ヴェネツィア派」と呼びます。その創始期のベッリーニ一族の一人であるジェンティーレ・ベッリーニは、一四七八年から三年間ほどコンスタンティノープルを訪れています。すでにオスマンの都になっていたかの地において、彼はスルタンの肖像を描いていますが（図33）、これは、彼がヴェネツィア政府から外交使節団の一員として派遣されたためです。ここにも、ヴェネツィア共和国のしたたかさを見る思いがします。

イデア論とルネサンス的再創造行為

さて、ペトラルカに代表されるように、ルネサンスを準備した人たちが最もよりどころとしたギリシャ古代思想はプラトンのものでした。ということは、ルネサンスの芸術にも、その思想が反映されているはずです。いえ、むしろプラトンの思想こそ、ルネサンス芸術の本質をある程度決定したものとさえ言えるかもしれません。

実は、プラトンの芸術に対するスタンスは、かなり醒《さ》めたものでした。というのも、彼は究極的な実在は物質的なものを超えると考えていたからです。「実在」という言葉で訳されていますが、これらは目に見えるものではなく、非物質的な〝イデア的〟な存在です。いわゆる「真・善・美」はこうしたイデアの世界にのみ存在可能なものであって、私たちが暮らしているこの物質的な世界に、目に見える形で、あるいは手で触れることができるような形で存在しているものではない、とプラトンは考えていたのです。

この考えはルネサンス文化に、また別の方向からも大きな影響を与えています。プラトンの、つまりはギリシャ哲学を代表するこの考えは後にも触れます。

この考えに立てば、自然を写す行為——芸術の創作活動はこう考えられていたわけですが——は、イデアの「模倣（ミーメーシス）」であって、イデアそのものではない、ということになります。言い換えれば、プラトンにとって芸術作品とは、目に見えない「美のイデア」の劣化版コピーでしかないわけです。先に偶像崇拝禁止の原則に対する「イコン」の解釈についても触れましたが、理由こそ違えど、プラトンの芸術作品についての考えとの類似があることにお気づきでしょうか。イコンでも、そこに描かれているのは、あくまで目に見えない「聖なるもののイメージ」を、なるべく手を加えることなく画面上に焼きつけようとしたにすぎないものという説明がされていました。その点で、イコンはプラトンの芸術の解釈と、一見しただけではそれほど大きな違いは見えてきません。

では、ルネサンスの思想家たちは芸術をどう解釈したのでしょう。出発点は、やはりペトラルカたちが重視したギリシャ哲学、それも代表者であるプラトンの理論です。プラトンによれば、完全な理想形はこの世に存在しないのですから、目に見えるすべてのものは、いわば「不完全なもの」であるということができます。しかし、ルネサンス時代のヨーロッパは、あくまでキリスト教の世界ですから、もっと強力な自然観というものがあります。それは、神は万物の創造主であり、その被造物である自然に欠点などあろうはずがない、というものです。だからこそ、芸術家が自然を模倣することは、神による被造物を忠実に写し取る行為として肯定的に捉えられたのです。

相矛盾するこれら二つの考え方から、「芸術作品の制作行為」の解釈として、ルネサンス期に形成されたのは次のようなものです。神の被造物として、もともとは完全であったはずの自然は、バラバラに分裂したり少しずつ劣化した状態にあると考えます。言い換えれば、完全なる美の形では示されてはいないものの、その断片は至るところにある、という見方です。

「美しいものを繰り返し模倣することによって、また手や頭、胴や足などの、最も美しい部分を一緒にして、できうるかぎり美しい人間を創り出すことによって、様式というものはより美しいものとなる」（ジョルジョ・ヴァザーリ、『美術家列伝』、第三部序文より、筆者訳）

本章の冒頭にも登場したヴァザーリの『美術家列伝』は、ただ単に芸術家の伝記を並べるにとどまらず、美術批評や美術理論が語られている点で画期的です。

そこでは、プロト・ルネサンスから始まって、頂点とみなされるミケランジェロに至るまでの流れが、やや進化論的に説明されています。また、ヴァザーリは一六世紀のフィレンツェにおけるメディチ家の文化政策で主役を演じていたため、そこに書いてあることはただ単に彼個人の考えだけではなく、当時の芸術理解を受けているものと考えたほうが理にかなっています。ヴァザーリ以降は、それこそ『美術家列伝』による絶大な影響が続くため、彼の考えはスタンダードなものとして広く定着していきます。

訳出した引用部分で彼がいわんとしているのは、前述した、プラトンとキリスト教思想のミックスである「もともとは完全だった自然は、断片として点在している状態にある」という考えを受けたものです。ヴァザーリは、それならばその断片を拾い集めてつなぎ合わせれば、最良の美と同じものが得られるのではないかと考えたのです。元を辿れば、この考えもまた、紀元前五世紀に生きたとされる古代ギリシャの画家ゼウクシスが、さまざまなキャラクターのパーツを集めて美しい像をものにしたという伝説を由来にしています。

ヴァザーリの理論でも、例えば「最高に美しい女性」を描こうと思えば、女性Aから鼻を取り、女性Bから眼を取り、という具合に、さまざまに示されている「美の断片」を選択し、抽出して結合させることになります。このことを可能にさせる能力のことを、彼自身は「デ

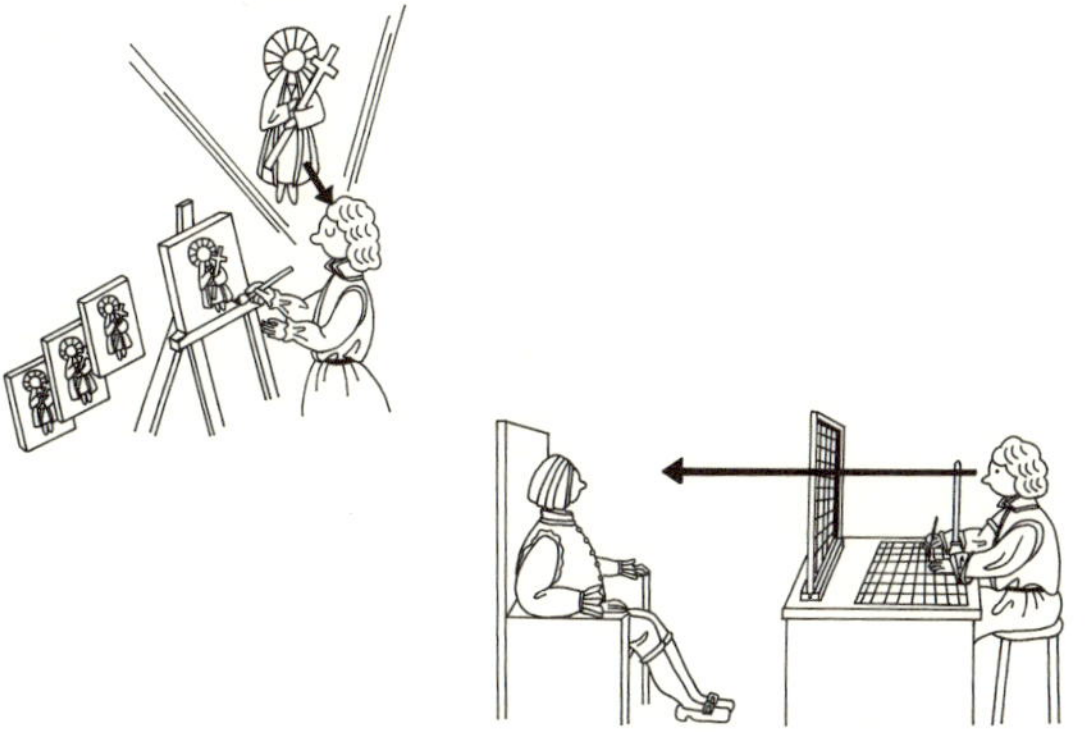

図34 「神の視点から人間の視点へ」ルネサンス以前は、画家は聖なるイメージ（とされていたもの）をそのまま忠実にコピーすべきと考えられていました（左）。しかし、ルネサンスの考えにたてば、画家は自然の再創造行為者にさえなりうるのです（右）。（イラスト：川口清香）

イセーニョ」と呼んでいます。

彼の理論を私たちが聞くと、断片となった美を選び出すことなどできるのだろうかと疑問に思います。しかしヴァザーリは、ディセーニョによってこそそれが可能となる、それこそがディセーニョの能力であると言い切ります。ディセーニョは、今日のデッサンやデザインの元となった語であることを考えると、ヴァザーリによるディセーニョにはだいぶ広範な意味が与えられていたことがわかります。

ヴァザーリのディセーニョ理論は、見方を変えればかなり〝不遜《ふそん》な考え〟です。というのも、神によって創られた完全なる美は、今は自然界に断片的にしか示されていない、言い換えれば、プラトンの思想のように「この世界は不完全なもの」でしかないのに、画家は特殊な訓練を重ねて並外れた知性を発揮すれば、「もともとの完全なる美」を再現できると言っているからです。明らかに、中世的な「匿名性を重んじる」イコンの解釈の対極にあると言うことができます。

「わたしたち画家は、芸術作品によって〝神の子孫〟とみなされて良い」（レオナルド・ダ・ヴィンチ、『アシュバーナム手稿Ｉ』より、筆者訳）

レオナルドの言葉は、ヴァザーリの考えを、より直接的に言い換えたものと言ってよいでしょう。レオナルドは、自分たち画家による芸術作品の創造行為を、美の復元行為であり、自然の再創造行為であるとまでみなしているのです。彼ら人間が、神に並ぶことさえ可能にする行為、それこそが芸術だと考えたのです。先に見たイコンの匿名性との大きな違いがわかります（図34、１０５ページ）。

十字軍をきっかけに、擬似共和政のコムーネによる社会が形成されていく過程で、共和政ローマが再評価され、また古代ギリシャがブームとなり、そしてようやくルネサンスに至って、人間は自分の目で自然を把握できると考え始めたのです。

3-2　メディチ家の君臨

百年戦争とイタリアの銀行

一三三七年、よくある王位継承問題の一つとして、イングランド王エドワード三世が大国フランスに宣戦布告した時、誰もこの戦争が百年以上も続くとは思っていなかったことでしょう。ましてや、長い紛争の間にあった個々の局面にいた当事者たちは、その長い長い流れの中で自分がどこに位置していたかなど考えもしなかったはずです（〝英仏百年戦争〟という名前も、もちろん後世につけられた呼称です）。

長期的なヴィジョンを欠いたまま続けられた戦争は、膨大な国費を必要とします。彼らは貢納金を釣り上げ、公債を発行して資金をかき集めますが、慢性的な資金不足に苦しみます。この時、彼ら二国の宮廷を支えたのは、一貫してイタリアの金融家たちでした。

第1章で見たような両替商のシステムは、イタリアの銀行家たちをして、大国の国庫をも左右できるほどの成功をもたらしていました。しかし、日本でも戦国期にたびたび徳政令（債権放棄の強制）が発布されたように、交戦中のイギリスとフランス王家も、銀行になかなか利子や元本を払おうとしないという点では一致していました。

百年戦争が始まる前からすでに、危険な兆候が現れていました。一二九四年、両国からの支払いが滞ったことを主因に、リッカルディ家が破産します。リッカルディ家はフィレンツェと同じトスカーナ州の中規模都市ルッカで、最大規模の銀行を営んでいた一家です。それでも、両国の宮廷はイタリアの銀行にとってお得意様であることには変わりませんでした。

フィレンツェの打撃

さて、イタリアは「文書の国」。イタリアの過去のことを知ることができるのも、彼らが多くの記録をつけ、今まで保存してくれていたおかげです。それには教会の洗礼者名簿や各種契約書など、さまざまなものがありますが、納税記録も当時を知るための貴重な史料です。

それによると、プロト・ルネサンス期に当たる一四世紀前半で、フィレンツェの金融業といえば、大きいほうからバルディ、ペルッツィ、アッチャイウォーリの三家族だったことがわかります。いずれの家族も、芸術の大パトロンとしても活躍しました。

彼らは海外に十以上の支店を有していましたが、イギリス王家の担当にあたっていたのは、もちろんロンドン支店でした。

しかし、英仏間の紛争は終わりが見えません。膨れ上がる借金はとどまるところを知らず、両国は何度休戦に至っても、またすぐにどちらかが協定を破ってしまいます。ジャンヌ・ダルクが登場して戦場を席巻《せっけん》し、すぐに捕えられて火刑に遭うのは、百年戦争も末期の頃のエピソードです。

首が回らなくなったイギリス王エドワード三世は、ついに借金を踏み倒す暴挙に出ます。その額は百三十万フィオリーノを超えます。前述したように、一フィオリーノが約三・五グラムの純金ですから、現代の金価格に直すと百三十万フィオリーノは二百億円を超えます。この金額は当時のイギリスの総資産価格に匹敵し、イギリス全土が買えてしまうほどでした。

一三四三年にペルッツィ家が倒産。そして一三四五年から翌年にかけて、アッチャイウォーリ家、ボナッコルシ家、そして当時最大の規模を誇った銀行バルディ家までもが倒産してしまいます。その直後、未知の病である恐ろしいペストがヨーロッパに上陸し、猛威を振るい始めた時とタイミングが重なってしまったことも、フィレンツェの危機を一層深刻なものとしました。

金融業が大打撃を受ける直前の一三三〇年代末期、『フィレンツェ年代記』で知られるジョヴァンニ・ヴィッラーニによれば、フィレンツェに店を構える銀行は八十を数えていたそうです。それが、一三五〇年には五十二にまで減っています。それも、国家規模の踏み倒しのせいで、大規模な銀行から潰れていきます。

都市の盛衰は、人口の増減でもある程度知ることができます。百万都市が三万ほどにまで減ったことのあるローマほどではないにしろ、フィレンツェも戦争やペスト、経済危機で大幅に人口を減らしたことは一度や二度ではありませんでした。

フィレンツェの人口の最盛期は、十万人を突破した一三〇〇年頃のことです。しかし、そのわずか五十年後に、人口は約三分の一まで激減してしまいます。メディチ家が台頭してくるのはこの後、人口は回復途上にあったものの、主要な銀行がほとんど潰れた状態にあった一四世紀末のことです。

メディチ家の台頭

メディチ家は、メディチ（Medici）という言葉がついているくらいですから、かつては薬（メディチーナ、medicina）を扱う薬種業を営んでいたのかもしれません。〝レ・パッレ（球）〟と呼ばれるメディチ家の紋章（図35）が、丸薬をデザインしたものであることにも、名字の言葉遊びからというわけではなく、きちんとした由来がありそうです（あれは分銅だ、と言う人もいます）。

図35　メディチ家の紋章、フィレンツェ、メディチ＝リッカルディ宮。

いずれにせよ、一三世紀の初めにはフィレンツェで両替商を構えていることが記録からも確認できます。その後、同世紀の終わり頃から、一族から何度も政府の要職に就く者を出しているので、両替商のアルテの中でも有力なメンバーであったことは確かです。

当時のフィレンツェの政治体制は、七つの大アルテから七名、十四の小アルテから二名が抽選によって選ばれて九人委員会を構成し、彼らが政治決定を行うというのが標準的な政治スタイルでした。しかし彼らの任期は二ヶ月しかありませんでした。それは、特定の人物が長く要職に就くことで、権力が集中してしまうことを防ぐためでした。フィレンツェがいかに共和制を徹底していたかがわかります。

この頃のメディチ家は、教皇派と皇帝派の争いに巻き込まれ、激しい浮き沈みを味わっていました。また、フィレンツェの金融危機とペストの大流行があった頃には、銀行業としての規模はさほど大きくはありませんでした。しかし、他行が百年戦争のあおりを受けて巨額な踏み倒しに苦しんだことを考えると、それがかえって幸いしたのかもしれません。つまり、一五世紀を迎えるより前のメディチ家は、パッとしない「その他大勢の一族」にすぎなかったということです。

一族が大きな転機を迎えたのは、ローマで成功を収めた、一族の一人ジョヴァンニ・ディ・ビッチのおかげです。彼は遠戚の商会で頭角を現し、自ら銀行を立ち上げると、教皇庁を主な顧客として一気に規模を拡大します。

一三九七年、彼は本店をローマからフィレンツェに移します。そこは当時のウォール街であり、また、かねてよりメディチ家の地盤でした。

彼は倍々ゲームで収益を増やしていきます。当時の課税記録からも、フィレンツェに支店を移した頃に十四フィオリーノしかなかったものが、一四〇三年には百五十フィオリーノと、十年足らずの間に収益を十倍以上に増やしていることがわかります。彼は一四二九年に亡くなりますが、その頃にはフィレンツェで三番目の銀行にまで家業を大きくしていました（バルディ家などの倒産後なので、上位二行はパンチャーティキ家とストロッツィ家）。

彼は何人も有能な金融マンを引き入れ、彼らを支店長や共同経営者に据えて事業にあたります。その中には、名門バルディ家の出身者や、ポルティナーリ家やベンチ家などの一族がいました。ちなみにベンチ家に関しては、後にレオナルド・ダ・ヴィンチが同家の娘の肖像を描いていきます。そして彼らに支えられながらビッチの後を継いだのが、父を上回る才覚を見せることになるコジモです。

〃祖国の父〃コジモ・イル・ヴェッキオ

コジモ・〃イル・ヴェッキオ〃（老コジモ）と愛情と尊敬をこめて呼ばれるコジモ・デ・メ

図36　ヤコポ・ポントルモ、〈コジモ・デ・メディチの肖像〉、1510年代、フィレンツェ、ウフィツィ美術館。

ディチは、一三八九年の生まれで、父から家長の地位を継いだ時にはすでに四十歳になっていました。ここに掲げたコジモの横顔は、彼が世を去ってから五十年ほど経過した頃のものです（図36）。

彼の功績に関してはすでに何冊も本が出ているので、ここでは彼の行ったことを簡潔に箇条書きにしてみましょう。

・肥大化するメディチ家に対抗する勢力を一掃。その後も徹底して危険分子を排除

例えば、ビッチ死亡時にメディチ家よりも規模が大きかったストロッツィ家は、コジモの手によってかなりの人数が、一四三四年に追放の憂き目に遭っています。

・一族が常に政権の中枢にいるように選挙と議会をコントロール

いつの世でも、まやかしは横行するものです。被選挙権の資格所有者を減らすことで、大アルテの中で中心的な役割を果たしている人物が、常に政府の中枢にいることができるよう、選挙と議会をコントロールしました。

・議会を無力化

トスカーナ辺境伯マティルデが亡くなった一一一五年をもって、フィレンツェがコムーネとして独立した後、擬似共和政を維持するため、フィレンツェはさまざまに政府の構成を変えてきました。先に見たように、権力が一人に集中しないよう、集団による合議制をその肝としていました。しかし、この体制の欠点は、意思決定の遅さにありました。

戦乱の世では、意思決定の遅さは命取りとなります。そのために導入されたのが「バリーア」です。これは、一時的に少人数の特権的な委員会を政庁内に設けるシステムですが、これによって意思決定を迅速にしようとしたのです。コジモは身内で固めたこの「バリーア」を、さまざまな理由をつけて常設に近い形にします。もちろん、議会を無力化して政権を掌中に収めることを狙ったものです。

・姻戚関係によって権力基盤を強化

ビッチの時代にすでにバルディ家と結びつきを強めていたように、コジモも有力家系と一族を、次から次へと姻戚関係でつなげていきます。コジモ自身、バルディ家から妻を迎えています。トルナブオーニ家、アルビッツィ家、アッチャイウォーリ家、ピッティ家といった、その後芸術のパトロンとしても名を残す多くの家系が、メディチの一派に加えられていきました。姻戚関係で基盤強化を図るのはメディチ家に限りませんが、メディチ家はこの手法に特に長《た》けており、コジモ以降も同家お得意の〝戦法〟の一つであり続けます。

・民衆に対し、気前の良さを示す

彼は、古代のローマ皇帝たちがしていたことをまるで側《そば》で見ていたかのように、気前の良さが大衆の支持をひきつけることをよく知っていました。彼は数々の建築事業を手がけるなど、芸術のパトロンとしても破格の規模の存在でした。同時に、納税額でも他を圧倒していました。

「カタスト」と呼ばれる同時代史料があります。これは、数年おきの資産調査と人口調査を受けて決定される納税申告記録のことです。一四五七年、コジモ六十八歳当時のカタストによれば、納税額一位のメディチ家が五百七十六フィオリーノで、百三十二フィオリーノの二位以下を大きく引き離しています。五十フィオリーノ以上納めたのはメディチ家以外に十家族しかないことから、貧富の差が相当に開いていたことがわかります。しかも、二位のベンチ家も三位のルチェッライ家もメディチ銀行の一員です。ここから、実質的にはメディチ一党でフィレンツェ経済を牛耳っていたことがわかります。

・自らは政治の表舞台には立たない

この点は重要です。共和政を標榜し、特定個人に権力が集中することを極端に嫌うフィレンツェ人の気質を彼はよく知っていました。たとえ彼が実質的にフィレンツェを動かしていたとしても、正式な形でその地位に立つことを彼は避け続けたのです。彼も何度か市の要職に就いてはいますが、その回数は、他人となんら変わりはありませんでした。

しかし、対外的には「ただの人」であるように振る舞っていても、実質的には自分たちがフィレンツェを動かしているという自負もまた強かったことでしょう。メディチ家のこうした自負を知ることのできる壁画が、彼らの邸宅に残されています。コジモの子であるピエロの時代、メディチ家に依頼されたゴッツォリは、メディチ家の邸宅に壁画を描いています。それは、〈東方三博士の礼拝〉を主題とする、実に狭い部屋の四方を囲む壁面いっぱいに描かれたフレスコ画です（図37、１１８ページ）。

図 37　ベノッツォ・ゴッツォリ、〈東方三博士の礼拝〉、1459 年、フィレンツェ、メディチ＝リッカルディ宮。

窓らしい窓もない部屋なので、日光による退色もほとんどなく、生き生きとした強い色彩が今に残っている、とても見応えのある作品です。〈東方三博士の礼拝〉という主題は、誕生したばかりのイエスの元へ、東方から三人の賢者（マギ）がお祝いに駆けつけるという物語です。

壁画の中でもとりわけ目立っているのが、白馬に乗っている三人の博士です。興味深いことに、彼ら博士たちは、そのままメディチの一族の肖像画にもなっています。

この主題は、三博士を三つの人種（アジア、アフリカ、ヨーロッパ）と、三つの世代（少年、青年もしくは中年、老年）で描き分ける伝統があります。そうすることで、あらゆる年代、あらゆる地域の人々がイエスの教えを乞う、つまりは全人類がキリスト教の愛の下にあることを暗示しています。そのため、三博士を三世代で描くことはよくあり、ゴッツォリも、メディチ家の祖父・父・子の三世代をそこに重ねたのでしょう。

ただ、これは不遜な行為には違いありません。三博士は、人類を代表する知性にほかならないのですから。もちろん、教会に出かけていってミサに参加する礼拝堂と異なり、ここは自宅の一角に作った一家専用の礼拝堂なのでこのようなことができたのでしょう。しかし、意地悪な見方をすれば、いくら外では表舞台に立つことを避けていても、フィクサーとして実質の支配者であることを、他人には見られない空間においてだけは誇示していたのかもしれません。

・銀行の巧みな経営

コジモはかつてのバルディ家やペルッツィ家のように、ロンドンやブリュージュ、ジュネーヴやバーゼルといった遠く離れた海外支店を設置し、従来のフィレンツェ金融業の大規模な海外取引という伝統を復活させました。

・コジモ時代のメディチ家は、銀行だけでなく商事でもあった

彼は金融業だけでなく、フィレンツェお得意の繊維業の商品や原材料、さらにはその染色

工程で用いるミョウバンや農作物の流通も手がけていました。また、大航海時代の初期交易を示すものとして興味深い香辛料も扱っていましたが、当時の商事には、奴隷も売買するような暗い側面もありました。

・イタリア半島における勢力均衡を図る

かつてのコムーネ乱立状態は、征服と反抗、合従連衡を繰り返し、いくつかの大きな勢力にある程度まとまってきていました。ヴェネツィア、ミラノ、フィレンツェ、ナポリ、そしてローマ教皇領が五大勢力をなし、シエナやフェッラーラ、ジェノヴァといった小国がそれらの間に挟まれていました（図38）。コジモは機を見るに敏で、局面ごとに、どこと同盟関係を結んで対峙《たいじ》すればよいか、計算高く好判断を下していきました。もちろん、より大きな外敵が現れた時には、半島は一致して事に当たりました。オスマンによってコンスタンティノープルが陥落した翌年、五大勢力が小異を捨てて大同盟（ローディの和）を結んだのはその良い例です。

図38　1500年直前のイタリアの勢力図。

・古典文献の熱心な収集

ペトラルカやボッカッチョが、もしコジモの時代に生きていたら、自らの幸運に感謝したに違いありません。それほど、コジモの古代文化への関心は強いものでした。人脈を頼って写本を集めるだけでなく、自ら専属の筆写家を雇って、かたっぱしから文献を写して回らせたのです。その中には、ペトラルカやボッカッチョが書いた本も当然、含まれていました。

・人文学のサロンを立ち上げる

人文学のサロンとは、いわゆる「プラトン・アカデミー」と呼ばれる知的サークルのことです。文献収集は、もちろん読むために行うわけですから、次にはそれを読みこなす「場」が必要です。そのためコジモは、マルシリオ・フィチーノのような優れた学者たちを集めて討議の場を設け、財政面で全面的にバックアップするだけでなく、自分自身でもその場に参加しています。孫のロレンツォのように、自ら人文学者としての資質を備えた一族が出るのも、この習慣のおかげです。

＊　＊　＊

コジモの治世の間に、フィレンツェは再びヨーロッパを代表する経済力を取り戻し、さらに政治力と文化力をも一級のものとします。そしてそのフィレンツェに、並ぶもののない実力者として君臨していたのが、コジモを君主とするメディチ家だったのです。

3-3　古代モチーフの「借用」と「消化」

ボッティチェッリの「凱旋門」

それでは、メディチ家を中心としたルネサンスの芸術がいかなるものか具体的に見ていきましょう。まずは盛期ルネサンスを代表する画家の一人である、ボッティチェッリの作品です。ボッティチェッリが描いているのは、旧約聖書の『民数記』に出てくる、反逆者たちを処罰する場面です（〈反逆者たちへの懲罰〉図39）。イスラエルの十二部族の一つ、レビ族のコラが、モーセとその兄アロンから権力を奪おうとして逆に神から罰せられる物語です。

この壁画が描かれているのは、ローマ教皇のいるヴァティカン市国にあるシスティーナ礼拝堂です。システィーナ礼拝堂はミケランジェロの〈天地創造〉と〈最後の審判〉ばかりが有名ですが、ミケランジェロがここで描く前は、当代随一の画家たちが半島中から集められて腕を競った場でもあります。

ボッティチェッリ、ペルジーノ、ルカ・シニョレッリ……。現在も同礼拝堂の内部壁面に帯状に彼らの作品が並んでいるので、現地を訪れた際にはミケランジェロばかりでなく、彼らの壁画もぜひ眺めてみてください。

さて、ボッティチェッリの作品の後景中央には、凱旋門が描かれています。凱旋門はひときわ大きく描かれ堂々としており、画面手前にいる人物たちよりも、むしろ凱旋門こそが主

（上）図39　サンドロ・ボッティチェッリ、〈反逆者たちへの懲罰〉（中央部分）、1481～82年、ヴァティカン、システィーナ礼拝堂。

（下）図40　〈コンスタンティヌス帝の凱旋門〉、4世紀、ローマ。

人公であるかのような存在感を放っています。この凱旋門のモデルとなったものが、今もローマに残っています（〈コンスタンティヌス帝の凱旋門〉、図40、125ページ）。

この凱旋門は巨大なコロッセオのすぐ側にあるため、錯覚によってさほど大きくは見えません。しかし、実際には、二十五メートルプールをそのまま立たせたほどの大きさがあります。

古代ローマの将軍や皇帝が戦地で勝利を挙げて帰ってきた時、賑《にぎ》やかな行列を作ってこの下をくぐり、その功績を称えるという儀式がありました。しかし中世の間、この伝統は廃《すた》れていました。より正確に言えば、この伝統は形を変え、新しい大司教が大きな街に赴任する時などに、行列を作って城門をくぐる儀式となって続いていました。

ルネサンス時代には古代ローマの伝統がいくつか復活しましたが、凱旋式もその一つです。中世は戦国時代、そのコムーネにとって重要な勝利を挙げた将軍の功績に対し、古代ローマの凱旋将軍への祝福方法と同じ手法で報いていたのです。これはちょうど、ペトラルカが桂冠詩人という伝統を復活させたのに似ています。

ボッティチェッリは、この凱旋門を正確に自分の作品に描きこみました。ここは擬似共和政のコムーネとは違って教皇のお膝元ということもあり、描かれたものは共和政ローマではなくローマ帝国がモチーフとなっていますが、古代ローマ的要素を復活させたという点では、まさに古典復興としてのルネサンスにふさわしい作品といえるでしょう。

〃万能人〃

イタリアの東海岸に、リミニという街があります。夏には海水浴客でごったがえす、人気のリゾート地です。ここは第二次世界大戦中のアメリカ軍の爆撃によってかなりの打撃を受けたところですが、それでも古代ローマ時代の遺跡がいくつか残っていることでも知られています。中世後期からルネサンス期にかけて、街はマラテスタ家によって事実上支配されていました。その一人、ジギスモンド・マラテスタは、街にあったフランチェスコ修道会の教会を改築し、自分の一族のための菩提寺にしようとしました。そのためにリミニに呼ばれたのがアルベルティです。

アルベルティは、肩書をつけることが難しい人物です。建築家であり、数学者でも文学者でもありました。『建築論』や『絵画論』のような美術理論書でも知られ、また『家族論』のようなモラルを説く、まさに〃人文主義者〃としか表現しようのない活動を盛んに行っていました。

彼のような、複数分野で同時に一線に立っていたような人を指す言葉が、いわゆる〝万能人（ウオーモ・ウニヴェルサーレ）〟です。常にレオナルド・ダ・ヴィンチに冠せられる用語なので、耳にされたことのある方も多いと思います。ただ、知っておいていただきたいのは、この言葉は別に〝天才〟を意味しないこと、そしてルネサンス時代には、レオナルドだけでなく、数多くの〝万能人〟がいたという事実です。現代とは異なり、専門分野化がまだ進んでいなかったというのもその理由の一つでしょう。実際、彼ら自身は自分たちが〝万能〟であるという自覚もなかったことでしょう。

典型的なルネサンス人であるアルベルティは、リミニに呼ばれた頃にちょうど『建築論』を書き終えつつありました（刊行はずっと後の一四八五年）。彼はそこで説いているように、古代の建築オーダーの知識を生かそうとしています。アルベルティが造った、リミニのテンピオ・マラテスティアーノのファサード（正面）の構成をじっと見てください（図41）。縦長のアーチが三つあることに気づかれると思います。それも、中央のアーチだけが、左右の二つよりも少し背が高い。すぐに、この構成がコンスタンティヌス帝の凱旋門とよく似ていることに気づかれるでしょう。

特に注目すべきことは、中央のアーチは扉口になっているので〝機能〟していますが、左右のアーチには開口部がないことです。たしかにアーチ構造を埋め込んでいれば、その上からの荷重を柱に集中することができるため、構造的に強くなります。しかし、アーチの大きさが異なることなどから見ても、左右のアーチは機能的な必要性からではなく、むしろ〝凱旋門から転用された〟デザインとして採用されていることがわかります。そう考えると、それぞれのアーチの上にある円窓も、コンスタンティヌス帝の凱旋門の左右のアーチ上にある四つのメダイヨン（円形のモチーフ）からヒントを得ているのかもしれません。

図41　レオン・バッティスタ・アルベルティ、〈テンピオ・マラテスティアーノのファサード〉、1450年代に計画・着工、1468年に未完で中断、リミニ、テンピオ・マラテスティアーノ。

コンスタンティヌス帝の凱旋門を着想源としている点では、ボッティチェッリの絵画作品とアルベルティによる建築作品はよく似ています。しかし、両者の間にある違いもまた明確です。すなわち、ボッティチェッリがただ現物を忠実に模倣して画面上で再現するにとどまっているのに対し、アルベルティはその建築構造的な仕組みや構成・構図などを消化した上で自作品に生かしているところです。モチーフを「借用」している段階から、一歩進んで「消化」した結果といえるでしょう。

ブリューゲルにとっての「バベルの塔」

「消化」の例をもう一つ見ておきましょう。最初の図版は、ベッドフォード公であるランカスターのジョンのために制作された時祷書《じとうしょ》からとられたものです（図42）。旧約聖書の有名な「バベルの塔」の場面ですが、塔は方形のプランをしていて、私たちが思い浮かべるバベルの塔のイメージとはかなり異なります。

一方のブリューゲルの絵（図43）はあまりに有名なので、むしろこの絵から私たちはバベルの塔のイメージを得ていると言っても過言ではないでしょう。円形のプランをした巨大な建造物に重機や工夫たちが豆粒のように描かれていて、いかにも巨大な塔ができそうです。

画面手前左側に、工事を進めるニムロデ王がいます。天に届けとばかり建設を進める驕《おご》れる人類に対し、神が言葉をわけて混乱させ、工事を中止させたという結末もよく知られてい

（上）図42　ベッドフォードの画家、〈バベルの塔の建設〉、1423年頃、ロンドン、大英図書館。

（下）図43　ピーテル・ブリューゲル（父）、〈バベルの塔〉、1563年、ウィーン、美術史美術館。

図44　コロッセオ（コロセウム）、1世紀、ローマ。

ます。横一・五メートルもある作品ですが、あまりに巨大なイメージの創出に成功しているので、実際の作品を前にすると、「あれ、こんなに小さな絵なんだ」と驚くほどです。

この両作品の間には、明らかにローマのコロッセオ（図44）の「消化」があります。バベルの塔は、史上最も大きな建造物だったはずで、それも人類の草創期に造られたはずです。ブリューゲルは、自らの知識の中で「最大の建造物で、かつ古いもの」、つまりコロッセオを思い浮かべ、「バベルの塔があったとすれば、それはコロッセオのような姿だったに違いない」と推論したに違いありません。

だからこそ、ブリューゲルの描くバベルの塔は、円形（か楕円形）のプランを持ち、「柱＋アーチの開口部」というデザインの外壁で取り囲まれ、ご丁寧に

す。（コロッセオがそうであるように）右下にかけて斜めに外周が切断された形になっているので

ベッドフォードの時祷書の制作年代も、すでにルネサンスの只中にある一四二〇年代です。ベッドフォードの画家も、「古代で最も大きかった建物」を模索した結果、方形のプランに辿り着いたのでしょう。実際、中東地域で制作された古代の巨大なジッグラトは、この絵のように方形をしていました。中でも、新バビロニア帝国の首都バビロンにネブカドネザル二世が建てさせたとされるジッグラトは、百メートルもの高さがあったと推定されています。

つまり、ベッドフォードの画家とブリューゲルの違いは、知識の正確さの問題でも、まして制作年代による差の問題でもないのです。そこにあるのは、ルネサンスの画家として「古代ローマ・ギリシャ」のモチーフを消化したかどうかの違いに尽きるのです。

第4章 ルネサンス美術の本質

本書は美術のみを扱うものではありませんが、ルネサンスという現象の中で、美術はとても大きな割合を占めています。そこで本章では、ルネサンスの美術がいかなるものかを見ていきましょう。個別の作家に関する情報はなるべく最小限におさえつつ、ルネサンス美術の全体的な本質を浮かび上がらせることに、できるだけ注力したいと思います。

時代はプロト・ルネサンスを終え、ルネサンス時代に入ります。年代区分は、おおよそ一五世紀の初めから一六世紀半ばまでに当たります。それを、さらに一五世紀半ばの前と後で、初期ルネサンスと盛期ルネサンスに分けるのが一般的です。レオナルドとミケランジェロ、ラファエッロのいわゆる「ルネサンスの三巨匠」は盛期ルネサンスの芸術家です。

一方、初期ルネサンスは三人の改革者を中心に進められました。それぞれ、建築分野のブルネッレスキ、彫刻分野のドナテッロ、そして絵画分野のマザッチョです。まずはジョットによって予告されていた、ルネサンス絵画の三要素から見ていきましょう。

4-1　フィレンツェでの開花

ルネサンス絵画の三要素

フィレンツェはアルノ川によって、南と北に分けられています。中央駅（サンタ・マリア・ノヴェッラ駅）や大聖堂など、主要な建物のほとんどは街の北側にありますが、南側にも見どころがあります。その一つが、サンタ・マリア・デル・カルミネ教会です（図45）。観光客が必ず訪れるピッティ宮からは歩いて五分ほどのところにあるので、ぜひ見ていただきたい教会です。でも、重要なブランカッチ礼拝堂は基本的に人数制限つきの予約制なので、観光の際は気をつけ

図45　マザッチョとマゾリーノ（1424～27年頃）、後にフィリッピーノ・リッピにより補完（1481～82年）、〈ブランカッチ礼拝堂内部装飾〉、フィレンツェ、サンタ・マリア・デル・カルミネ教会。

てください。

ここは、マザッチョとマゾリーノという、二人の画家によって描かれ始めました。十八も歳の離れたこの二人を、師匠と弟子の関係に置く説もあります。現在では、おそらく両者は先輩と後輩か、元師匠と弟子といった関係性だったものの、共作者としてほぼイーヴンな関係にあったと考えられています。彼らは礼拝堂の内部を、場面ごとに分担して描き始めました。

両者の違いを比較するために、ほぼ同じ主題を扱った二場面を見てみましょう。ちょうど、礼拝堂の一番手前にある左右の柱横の側面です。掲載した図版（図45、137ページ）では、左右の上端に見ることができます。

両者（図46、図47）をじっくりと見比べていただきたいのですが、場面の主題などを除いて、純粋な「絵の描き方」の点で、両者の間にある大きな〝三つの違い〟にお気づきでしょうか。

まずは、「奥行きを創出しようとする意識」です。こう書くと難しそうに思われるかもしれませんが、単純なことです。それは、マザッチョが描いたアダムたちの足元を見ればわかります。彼らの足元に何が描かれているか――。それは〝影〟です。彼らの足元から、左や

図47　マゾリーノ・ダ・パニカーレ、〈アダムとエヴァ（原罪）〉。

図46　マザッチョ、〈アダムとエヴァ（楽園追放）〉。

や奥のほうへスッと伸びたシンプルな影。それだけで、マザッチョの革新性の一端が明らかにされます。

逆に、マゾリーノの描く人物を見てください。ただ単に背景が真っ暗というだけでなく、実はアダムとエヴァ（イブ）が空間に正しく配置されていません。というのも、マゾリーノのアダムの足は、両足ともエヴァよりも手前に描かれています。この位置関係に両者を置いて正面から見れば、アダムはエヴァよりもずいぶん手前に立つことになります。マゾリーノが描くように、アダムとエヴァが目を見合わせて話すとすれば、本来、アダムはもっと左後ろのほうへ首をひねる必要があります。

——説明が少し細かくなってしまいました。ここで重要なことは、マザッチョの絵では、奥行きがあり、人物たちの前後関係も明確であるのに対し、マゾリーノの絵には、空間に奥行きを持たせること、人物たちを適正に空間に配置することにさほど関心が払われていないという点です。

次に、「人体把握への意識」です。マザッチョの描く人体に、違和感は特にありません。それに対してマゾリーノの描く人物は魅力的ではありますが、例えばエヴァの胸が高い位置にあるなど、少しおかしいことに気づくのではないでしょうか。実際、このようなプロポーションを持った女性を見かけることはないでしょう。

そして、最後が「感情表現への意識」です。マザッチョの人物たちが見せる悲しみと後悔の感情表現の強さは、わざわざ指摘するまでもありません。それに対してマゾリーノの主人公たちは、これから、神が禁じたタブーを破って禁断の実を得ようとする緊迫感や後ろめたさ、そして隠しようもない好奇心といった、そのシチュエーションであれば当然表出するはずの人間の感情の動きを一切見せていません。

このように、両者の違いとは、「空間性」「人体理解」「感情表現」の三要素となります。そしてこの三要素の適正な獲得こそが、ルネサンス絵画に〝ルネサンス性〟を付与しているものの正体です。第2章で見た、ジョットの〝ルネサンスの予告編〟としての三つの要素が、見事にここに結実しているのです。

これまで見てきたように、ルネサンスの本質の一つは、「古代に学ぶ」ことです。マザッチョにも、ヒントとなったと思われる古代作品があります。それは、「恥じらいの（プディカ型の）ヴィーナス」と呼ばれるもので、やはり古代ギリシャに由来しています。プラクシテレスのような名高い彫刻家たちも手がけたヴィーナス像の一タイプで、右手で胸を、左手で下腹部を隠すようなポーズをとっています。現在はウフィツィ美術館にあるこの彫像

図48 〈メディチのヴィーナス〉、紀元前2世紀のオリジナル作品の、紀元前1世紀頃の模刻か、フィレンツェ、ウフィツィ美術館。

（〈メディチのヴィーナス〉図48）を始め、イタリアにもこのタイプのヴィーナス像がいくつかあります。マザッチョのエヴァのポーズは、明らかにこのタイプのヴィーナス像の一つから着想を得たのだと考えられています。

さらに、人体の構造の正確さや、陰影によるその立体感の出し方の巧みさは、マザッチョが実際の人間をモデルに描いた可能性をも感じさせます。この後、フィレンツェの多くの工房で人体モデルのデッサンなどが行われているので、マザッチョも早々にデッサンを開始していたとしても不思議ではありません。

マゾリーノも、もちろん優れた画家であることに疑いはありません。しかし、ことブランカッチ礼拝堂の壁画での両者の作品を前にすると、マザッチョの革新性ばかりが目立ちます。彼がそのまま制作を続けていれば、いったい美術史はどうなっていたのかと夢想してしまうほどです。しかし残念ながら彼は、一四二八年、おそらくペストにかかって二十七歳の若さで急逝してしまいます。

しかし、彼が残したこの礼拝堂は、その後のフィレンツェが生むことになる画家たちにとっての学校となりました。というのも、美術教育が美術大学などできちんと行われている現代と違い、ルネサンス時代の美術教育とは、自分の親方や優れた作品をひたすら模写することがそのほとんどだったからです。マザッチョの革新性はさすがに当時でも驚きをもって見られていたようで、ここに示したミケランジェロのように（図49）、フィレンツェで修業した多くの画家たちがこの礼拝堂でデッサンをしています。

もう一点興味深いのは、マゾリーノのその後です。マザッチョと他の作品でも共作していた彼は、最も近いところでこの革新性に触れていた画家です。マザッチョが若くして亡くなった後も、彼はマザッチョから学んだことを自らに取り込んでいきます。

図49　ミケランジェロ・ブオナローティによるマザッチョ〈アダムとエヴァ（楽園追放）〉のデッサン、1488年頃、パリ、ルーヴル美術館。

彼は後に北イタリアの小村に

図50　マゾリーノ・ダ・パニカーレ、〈ヘロデ王の宴〉、1435年、カスティリオーネ・オローナ、洗礼堂。

赴き、その地で制作を行っていますが（図50）、どうでしょう、この変わり様は。これは新約聖書の一場面ですが、画面中央に果てしなく続くその極端な遠近法に目を奪われて、主人公が誰であるかを忘れてしまいそうです。彼はマザッチョによって新たにもたらされた「ルネサンス遠近法」を間近で学び、いつのまにか自分のものとしていたのです。

マザッチョが亡くなった時、マゾリーノはすでに四十五歳。そこから七年ほどでこの遠近法技術を披露しているのですが、すでに自分のスタイルが固まった年齢からも、最新の技法を採り入れようとしたマゾリーノの不断の努力を偲ばせる作品です。

ルネサンス時代には、新たな技法と様式がめまぐるしく登場しました。一人の画家が、一生の間に複数の様式に触れることは珍しくありません。中にはマゾリーノのように、自力でスタイルを変化させて時代に追いつこうとした画家も少なくありませんでした。

ブルネッレスキの街

マザッチョの生年でもある一四〇一年は、ルネサンス美術にとって象徴的な一年となりました。この年、フィレンツェのど真ん中にあるサン・ジョヴァンニ洗礼堂の、青銅扉の制作者を決めるコンペティションが開かれます。洗礼者ヨハネ（サン・ジョヴァンニ）はフィレンツェの守護聖人でもあるため、この由緒ある洗礼堂はフィレンツェの信仰生活の中心となっていました。その八角形の建物に三カ所ある扉口のうちの一つに、青銅パネルの装飾をほどこすためのコンペティションです。

最終的に残ったのは二人。まとまりのある作風のロレンツォ・ギベルティと、大胆さが光るフィリッポ・ブルネッレスキです。いずれの作品（図51、１４６ページ）も甲乙つけがたいものでしたが、共作を打診されたブルネッレスキが辞退して決着しました。

ギベルティは一四〇三年に本格的に着手し、なんと二十年余りを費やして北扉を完成させ

図51　ロレンツォ・ギベルティ（左）、フィリッポ・ブルネッレスキ（右）、〈イサクの犠牲〉、サン・ジョヴァンニ洗礼堂青銅扉コンクールのための出品作、1401年、フィレンツェ、バルジェッロ美術館。

ます。一方のブルネッレスキは、その後、主たる分野に建築を選びます。

フィレンツェのカテドラーレ（司教座教会、ドゥオーモ）であるサンタ・マリア・デル・フィオーレ（花の聖母）大聖堂（図52）は当時、まだ完成に至ってはいませんでしたが、世界最大の大きさを誇っていました。この大聖堂はもともと、一四二六年にアルノルフォ・ディ・カンビオを監督官として着工されます。しかし、一三一六年にライヴァルのシエナが建築中の大聖堂のプランを拡張案に変更したのを受け、フィレンツェもそれを追いかけるように一三三一年に拡張プランに変更します。この時はまだローマのサン・ピエトロ大聖堂の大改修も始まっておらず、ロンドンのセント・ポール大聖堂もなかった頃なので、フィレンツェとシエナの両都市で世界一を争っていました。

これを受けて、シエナはほぼ完成した大聖堂を、さらに大幅に拡張する案に着手します。

しかしこの野心的な挑戦は、一三四八年のペストの大流行によって頓挫します。シエナには今もこの「新拡張案」のためのファサードの残骸を、現大聖堂の隣に見ることができます（詳しくは、拙著『イタリア　24の都市の物語』〈光文社新書〉をご参照ください）。

一方、フィレンツェの拡張案による大聖堂建設はなんとか続けられましたが、無計画なことに、交差部に載せるクーポラをどのようにして工事するかが決まっていませんでした。なにしろ、世界一の大きさになるということは、完成した交差部基台の上に、まだ誰もそのような大きなクーポラを載せたことなどないわけです。シエナへの対抗上、大聖堂は拡張されて首尾よく世界一の大きさの地位を手にいれましたが、クーポラだけがなく、ポッカリと青天井が開いたままになっていました。

図52　フィリッポ・ブルネッレスキ、サンタ・マリア・デル・フィオーレ大聖堂のクーポラ、1429年起工、36年ほぼ完成、フィレンツェ。

ブルネッレスキは、一四一八年に開かれた、クーポラ工事計画のコンペティションで勝利を収めます。クーポラの直径は四十メートルを超え、高さも最終的に百メートルに達します。彼はそのような大規模な工事を、大々的な足場を

↑図 53　ゴシック建築でのアーチの造り方。David Macaulay による。

←図 54　パンテオンの内部、128 年完成、ローマ。

クーポラ内に組み立てることなく遂行できるプランを提示します。

それまでのゴシック建築では、木枠を置いて、その弧に沿って石を並べていき、後から木枠を抜く方法でアーチを造っていました（図53）。しかしローマにあるパンテオンは、頭頂部に大きな円窓がポッカリと開いています（図54）。私たちがゴシックの方法しか知らなかったとしたら、パンテオンではどのようにしてドーム構造を造ったのだろうかと不思議に思うに違いありません。しかし、パンテオンは周囲が円形であるからこそ、それが可能になるのです。下にある環の上に、少しだけ直径の短い環を載せても、それが環状であるからこそ内側には落ちてこないわけです。

ブルネッレスキは古代ローマの工法を学び、そこから大きな足場を必要としないクーポラ建設を考案しました。

それまでの方法からすれば、巨大な足場を組んだ上に、これまた大きな木枠を設置し、そしてその弧に沿って石を積み上げていき、木枠を後から外すのです。しかし、この方法はこれほど大きなクーポラには非現実的です。だからブルネッレスキは、環を造ってはその上に環を新たに積み重ねていくパンテオン式を採用したのです。

さらに彼は、クーポラを二重構造にしています（図55）。それは、重さを減らすため、荷重を分散させるため、工事をより簡便にするためなどの理由によってです。これまでにないブルネッレスキの方法は、大工さんたちを納得させるのにも苦労したことでしょう。

図55　クーポラの二重構造の間にある階段部分。上に行くにしたがって、カーヴがきつくなっていきます。

なにしろ、当時世界一のクーポラです。彼はこれで名実ともにフィレンツェ一の建築家となり、次から次へと大規模なプロジェクトをこなしていきます。フィレンツェが「ブルネッレスキの街」となったのも、もとはといえば青銅扉のコンクールで単独優勝できなかったことが原因の一つとなっているのですから、運命はどう転ぶかわからないものです。

4-2 空間を創出せよ！

ルネサンス空間の「日常性」

一三世紀末のローマ派の領袖《りようしゆう》カヴァリーニによる〈受胎告知〉（図56）と、初期ルネサンスの大家フラ・アンジェリコの同主題の作品（図57）を比べてみれば、ルネサンスとそれ以前の空間性の違いは明らかです。カヴァリーニ作品は豪華絢爛《けんらん》で、まばゆい金色が画面を埋め尽くしています。一方、フラ・アンジェリコ作品では、マリアたちのいる空間は、まるで当時の建物の中庭にある列柱廊かバルコニーのようです。

前者の「非日常性」と後者の「日常性」は、ただ単に遠近法の技能の違いにとどまりません。前者のマリアが座っている玉座は、現実には存在しないほど巨大で豪華です。後者のマリアが座っている、ただの丸い木イスとの対比は滑稽なほどです。後者では、マリアの衣服もまるで近所に住んでいるつつましい家庭婦人か修道女のようです。

（上）図56　ピエトロ・カヴァリーニ、〈受胎告知〉、1291年、ローマ、サンタ・マリア・イン・トラステーヴェレ教会。

（下）図57　フラ・アンジェリコ、〈受胎告知〉、1440年代前半、フィレンツェ、サン・マルコ修道院。

さらに、大天使ガブリエルの様子もずいぶん違います。後者のガブリエルの虹色の翼だけがこの空間の中で「非日常的」な要素ですが、それでも、それを大きく広げて羽ばたかせている前者の大天使の翼からすれば、これでも比較的「日常的」に描かれていることがわかります。

これら両作品における、こうした違いを生んだ理由もまた明白です。前者では、空間が「非日常的」であればあるほど、当時これを観る人々は「神々しい」と感じたのでしょう。一方、後者での告知場所も、マリアや天使のたたずまいも、それが「日常的」な空間であることを必要とした結果です。観ている人々は、自分たちが立っている空間の延長上に絵画空間があってこそ、そこで繰り広げられている物語に「感情移入」できるのでしょう。

ジョットが予告し、マザッチョが創始した「空間」「人体」「感情」に向けられた三つの意識を思い出しても、それらはいずれも絵画に描かれているものが「自然で」「日常的で」「ありえるように」描く模索と同じ方向を向いています。

そして、空間を日常的にする最大の工夫が、ほかならぬ「遠近法」です。遠近法は、その成立過程を追うだけでも一冊の本になるほどの内容があるのですが、本書ではごく簡潔にポイントだけ押さえておきましょう。

図58　ピエロ・デッラ・フランチェスカの一派か、〈理想都市〉、1470年頃、ウルビーノ、国立マルケ美術館。

この絵〈理想都市〉（図58）は、誰も歩いている人がいない、ちょっと不思議な作品です。俗にいう「ルネサンス遠近法」は、画面の奥へと延びていく線が、すべて一点に収束することを特徴としています。この一点を「中央消失点」というため、ルネサンス遠近法のことを「中央一点消失法」や「一点透視図法」、あるいは線が収束することをもって「線遠近法」と呼んだりします。

この作品でも、地面の格子状の模様、そして両側に並んだ建物の階を分ける線をすべて延ばしていくと、中央にある円形神殿風の建物の入り口の場所にきれいに集まります。ルネサンス遠近法は非常に数学的なもので、実際、この作品の作者と目されるピエロ・デッラ・フランチェスカなどは、当時一級の数学者・幾何学者でもありました。もちろん、当時の画家たちはこの技法を、理論ではなく主として実践から習得していったと思われます。

この作品の建物を、それより前の時代に描かれた建物、例えばベルリンギエーリの作品（図30、87ページ）などと比較してみてください。ベルリンギエーリの作品で建物がまるで記号のように描かれていたのとは違って、この絵では、建物がきちんと立体に見えるように、あるいは空間に広がりや奥行きがあるように描かれています。また、理路整然とした秩序正しいたたずまいと左右均衡（シンメトリー）構図によって、非常に静かで落ち着いた印象を与えます。

現代に生きる私たちはＣＧや３Ｄ映画などのさまざまな映像を見ているため、この絵を見ても特に驚きはしません。しかし、この絵を初めて見た当時の人々はさぞ驚いたことに違いありません。レオナルドが、絵画を神の創造行為にたとえていたことを思い出してください。まさに、当時の人々は一枚の絵の奥に、もう一つ空間が出現したことを驚嘆の思いで見たことでしょう。

伝統的ルールの遠近法による破壊

ニッコロ・ディ・ピエトロの板絵〈玉座の聖母子〉（図59）は一四世紀末のものです。玉

図60　マザッチョ、〈聖三位一体〉、1425～28年、フィレンツェ、サンタ・マリア・ノヴェッラ教会。

図59　ニッコロ・ディ・ピエトロ、〈玉座の聖母子〉、1394年、ヴェネツィア、アッカデミア美術館。

座に座る聖母子の後ろに、祝福する天使たちが並んでいます。マリアが右手を下げている先には、この作品を注文してお金を払い、教会に寄進した人（寄進者）の姿があります。

一方のマザッチョによる壁画（図60）は、高さが六メートル以上もある見上げるような大作です。中心となる主題は〈聖三位一体〉。父なる神と子イエス、そして教えそのものともいえる聖霊の三つが、同じものの別の格（ペルソナといいます）だという説に基づいたものです。

イエス・キリストは神自身なのか、それとも「異なる存在」なのかというのはキリスト教の根本的な問題の一つで、長い間議論が続けられてきました。結局は、神自身と同一視する三位一体派が勝利し、異なる説を異端として退けた過去があります。聖霊は目に見えないものなので、便宜的に白い鳩がそのシンボルとして描かれてきました。

この作品でも、イエス・キリストは父なる神と十字架上のキリストの頭部の間にV字に翼を広げた姿で描かれています。十字架の両側にいるのは、マリアとヨハネ。磔刑の場面では一緒に描かれることも多く、本書でも、第2章で磔刑図を取り上げた際に彼らの姿と出会っています（図23、75ページなど）。画面の一番手前、一段低い場所の両端にいるのは、やはりこの作品の寄進者である夫婦です。

この壁画とニッコロの板絵とは、ほんの三十年ほどしか離れていません。マザッチョの作品に、彼が打ち出した人体把握などの新機軸が盛り込まれているのはもちろんですが、両作品の間にはまた一つ新たな、「副次的」な大きな違いがあります。

それは、両作品における「寄進者のサイズ」です。ニッコロ作品の寄進者は、可愛らしいほどに小さく描かれています。これは、イエスやマリアとは差をつけ、はるかに小さく描くという中世以来の伝統です。イエスのような神聖なる存在と同じ大きさに描いては申し訳ない、不遜である、という意識がそうさせています。

ひるがえってマザッチョ作品を見ると、寄進者のサイズがかなり大きいことに気がつきます。しかも、寄進者たちはひざまずいているので、もし彼らが両足で立つと、その奥にいるマリアやヨハネよりもはるかに大きくなります。これはもちろん、遠近法によって、手前にあるもののほうが大きく描かれるという結果によるものです。しかし、中世の人がこの絵を見たら、不遜だと怒るかもしれません。すなわち、ルネサンス遠近法が、宗教に依拠するルールをも変えてしまうほどの合理性を絵画空間に持ち込んだというわけです。

先に、マゾリーノがマザッチョの革新性を採り入れて自らの作風を変えていった例を見ました。それとよく似ているのがギベルティの例です。

洗礼堂の青銅扉コンクールで、結果的に勝者として一人残ったギベルティは、さっそく北扉の青銅レリーフ（浅浮彫り）パネルを制作します。二十年以上かけてようやく二十八枚の青銅パネルを制作し終わった頃、ちょうどブランカッチ礼拝堂ではマザッチョが革新的な絵画様式を発表し始めていました。この時、ギベルティはすでに四十六歳になっていました。

案の定、ギベルティは、凄まじい勢いで変化しつつある美術の動きに無関心ではいられませんでした。彼は引き続き同じ洗礼堂の東扉の制作にとりかかりますが、そこで彼が発表していくパネルは、それまでのレリーフの常識を覆すものとなります。

一枚目の扉用のパネルでは、コンクールの時から決められていた枠の中にすべての場面をきっちり収めるように描いています。面積自体が小さいため、聖書の説話を一場面で説明しようとすると、パネルは登場人物でほとんど埋まってしまうのです。

ここに掲載した〈最後の晩餐〉（図61）は、テーブルを使徒たちが囲んで食事をする場面ですが、人物たちがギュウギュウに画面に押し込まれているため、パッと見、いったい何が描かれているのかよくわかりません。

一方、二枚目の扉用のパネル（図62）の、なんとスッキリしていることでしょう。広々とした空間は秩序正しく遠近法で描かれており、その中に人物たちが点在しています。あれほど画面を埋め尽くしていた人物たちは遠近法空間の中に適正に配置され、まるで建築構造に主人公の座を奪われてしまったかのようです。こうした空間を創り出すためには、一パネルあたりの面積を広げねばならず、そのため東扉ではパネルの数も十しかありません。

同じ作者によるものとはすぐにはわからないほどの違いです。ここから、ギベルティが新たに登場した遠近法を学び、それを正しく使いこなし、さらにはそれを、単に平面の上に描くよりもはるかに複雑で工夫のいるレリーフ・パネルに応用したことがわかります。大成功に終わった彼のこの挑戦は高く評価され、ミケランジェロはこの二枚目の青銅扉を〈天国の門〉と呼んでいます。

（上）図61　ロレンツォ・ギベルティ、〈最後の晩餐〉、1403～24年、フィレンツェ、サン・ジョヴァンニ洗礼堂北扉。

（下）図62　ロレンツォ・ギベルティ、〈ヤコブとエサウ〉、1425～52年、フィレンツェ、サン・ジョヴァンニ洗礼堂東扉（オリジナル作品は大聖堂附属美術館）。

4-3　多神教と一神教——ネオ・プラトニズム

避けられない根本的な矛盾

こうして、ルネサンス美術はフィレンツェで誕生し、そこから全ヨーロッパへと拡がっていきます。古典復興のあおりで、例えばヌードのような、中世ではほとんど見かけなかったモチーフも市民権を得ます。女性の裸体像は、キリスト教主題ではエヴァなど、ごく一部が描かれるにとどまっていましたが、ルネサンス期に入ってからは、それがヴィーナスだといえばヌードを描く免罪符にもなったのです。

しかし、ルネサンス美術には一つの根本的な矛盾があります。それは、当時は一神教の世界なのに、そこへ古代から息を吹き返した多神教をベースとする文化が入ってきたことです。両方仲良く同居、という選択肢はありえません。古代再生たるルネサンス時代といえど、あくまでもキリスト教が絶対的な存在です。ボッカッチョなども、『異教の神々の系譜』(一三五〇年以降）のような本を著している時すでに、この矛盾の存在に気づいていたに違いありません。

「この地上界の足枷の鎖をすぐに解き、神を導き手としプラトンの翼に揚げられて、より自由に上天の領域へと飛翔しよう」（マルシリオ・フィチーノ、『霊魂の不死性についてのプラトン神学』より、榎本武文訳）

ここで引用した言葉を遺したマルシリオ・フィチーノは、ルネサンスにおける「ネオ・プラトニズム（新プラトン主義思想）」の中心的な人物です。彼もまた、コジモ・デ・メディチ（イル・ヴェッキオ）の支援によってフィレンツェで活動しました。彼はプラトンの全著作をラテン語に翻訳したことで知られています。

しかし、古典文化が復活したとはいえ、前述したような一神教と多神教という矛盾を克服しなければなりませんでした。引用した彼の言葉からは、その複雑な姿勢が見てとれます。もちろん、地上界を悪と見、天上界を善と見る点に関してはキリスト教と同じような考えに立ってはいますが、「足枷」や「飛翔」などという言葉を用いるあたり、肉体を悪とし、解放された魂を善とするグノーシス主義的な思考との類似は明らかです。しかも、絶対善である神の元へ、プラトンの翼に乗って舞い上がるのです。これは何を意味しているのでしょうか。

彼がよりどころとしたのが、前述した「ネオ・プラトニズム」です。この点に関しては誤解が多いのですが、ネオ・プラトニズムとは、メディチ家のプラトン・アカデミーや、その中心人物であるフィチーノが始めた思想ではありません。そのはるか以前の、三世紀に登場した考え方を指します。創始者の名はプロティノス。エジプト生まれでローマなどで活動し、二七〇年に亡くなっています。プロティノスはプラトンの解釈者を買って出たようなものですが、それは、プラトンの著作があまりに文学的で哲学として体系化されていないように感じられたためです。

フィチーノはプロティノスの著作も翻訳しており、そこから大いに思想を採り入れています。プロティノスとフィチーノの最大の違いは、後者が前述したようなキリスト教と多神教文化の融合という命題を宿命的に背負っていたのに対し、前者はキリスト教とはほとんど関係がなかった点です。そのため、例えば先に見た「イデア論」のような、プラトンの二元論的な考えに対し、プロティノスは彼なりの解釈を加えています。その考えは、フィチーノにとって採り入れるべきものとして目に映りました。

それは例えば、〝一者〟というプロティノスの思想です。プラトンは物質的世界には存在しないイデアの世界を考え、その対極につまらない現世があるとしていました。しかしプロティノスは、それをどちらも〝一者〟から発したものと解釈しました。

つまり、無限の存在である（イデア的な）一者から、有限の存在である万物（物資的世界）が分かれ出たとしたのです。その分離を促したのは、〝ヌース〟と呼ばれる理性的存在です。これは一者と物質世界を取り持った者、と言い換えても良いかもしれません。

この解釈はフィチーノにとってありがたいものでした。フィチーノは、一者をそのままキリスト教的〝神〟に置き換えます。物質世界はすべて神の被造物であるため、当然、プロティノスの描く構図に一致させることができます。そしてヌースにあたるのは、神と人間世界の橋渡し役。そう、つまりは天使（的知性）となるのです。

〝融合〟的解釈の視覚化

１６５ページの絵（図63）は、すでに時代がマニエリスム（一五二〇年頃から一六世紀末にかけて、主として絵画を中心にヨーロッパ全体で流行した芸術様式）に入った頃の作品です。一神教の文脈の中に多神教文化を置き直すという〃融合〃的解釈の視覚化の好例です。絵の左上の銘文にある〈エヴァ・プリマ・パンドラ〉とは、パンドラに先んじるエヴァ（イヴ）、あるいはエヴァの原型としてのパンドラといった意味です。つまり、聖書における最初の女性であるエヴァと、ギリシャ神話における最初の女性人類であるパンドラとを重ね合わせたものです。描かれた女性は、「横たわるヌード」という、ルネサンスに始まった図像伝統の一例としても興味深いものですが、ここでは論じません。

彼女は、右手に一本の枝を持っています。よく見ると、そこにはリンゴが一つついています。もちろん、それはエヴァが手にした禁断の実です。また、左腕には蛇がからみついています。これも原罪のエピソードに登場する蛇のことです。一方、左手は甕《かめ》の蓋に手をかけています。こちらはパンドラのモチーフです。

聖書における最初の女性であるエヴァは、いうまでもなく、人類に知識と判断力をもたらした存在であり、それと引き換えに、人類に永遠の命を失わせた存在でもあります。病や災い、すなわち死ぬ運命（寿命）だけでなく、出産の痛みや労働の苦しさなども人類に負わされたことはよく知られています。その一方で、エヴァがリンゴに手を伸ばすまで、人類は知

図63　ジャン・クーザン（父）、〈エヴァ・プリマ・パンドラ〉、1549年頃、パリ、ルーヴル美術館。

性のない、非文明的な存在にとめおかれていました。

一方のパンドラは、ギリシャ神話のキャラクターです。神話には聖書のように「これがスタンダードだ」と皆で決めたヴァージョンはなく、同じような話にもさまざまなヴァリアント（異説）があります。例えばその中に、人類（男性）を創った巨神プロメテウスの物語があります。

プロメテウスは自らが創った人類を文明化するために、神の占有物だった火を盗んで与えます。彼はそのため永遠の苦しみを罰として科されますが、その弟エピメテウスのところに、ゼウスが作らせた〃（人類の）最初の女性〃が贈り物として届けられます。賢神である兄と違って愚かな弟は、兄からの警告も忘れて女性パンドラを受け取ります。「開けてはならぬ」と言いつけられた壺（甕や箱の場合もあります）とともに。その後、蓋を開けるとあらゆる災いが飛び出て、最後に希望だけ残るという話は周知の通りです。ここに描かれた女性が頭蓋骨を抱いているのも、エヴァとパンドラが人類に「死」をもたらした存在であればこそです。

ここまでの話を整理しましょう。エヴァは「最初の女性」で、「誘惑に負けて」タブーを破り、知識による「人類の文明化」と引き換えに「死の運命」をもたらしました。一方のパンドラも「最初の女性」で、「誘惑に負けて」タブーを冒し、火による「人類の文明化」と引き換えに「死の運命」をもたらしています。

どうでしょう。細かな違いはもちろんありますが、大筋では両者は見事に一致しています。だからこそ、聖書と神話の世界をつなげようとした時に、エヴァとパンドラが結び付けられやすいペアとして画題に取り上げられたのです。一神教の文脈の中に、多数教文化が見事に取り込まれた好例です。

第5章 ルネサンスの終焉

前章ではルネサンス時代の芸術の本質を見てきました。今日、私たちがヨーロッパで見ることのできる芸術作品の多くがこの時代に制作されたので、とても華やかな時代だったかのような印象を受けます。

しかしその一方で、当然のことですが、ルネサンス時代には暗い側面もあります。かつて古代ローマ時代が上下水道の完備された社会だったことを忘れてしまいそうなほど、ルネサンス時代の衛生環境は劣悪でした。人々は病に苦しみ、身近な存在である〝死の影〟におびえていました。

そして、魅力あふれるルネサンス時代にも、定めのように終わりの時期がやってきます。それは、ルネサンスを生んだコムーネ社会そのものが持つ構造自体によって、必然的にもたらされたものです。また、ルネサンス時代に始まった大航海時代と、宗教分裂（宗教改革）がそれに追い打ちをかけます。これらを原因とするイタリアの斜陽は、そのままルネサンス時代の終焉を意味していました。

5-1　ルネサンスの裏側

臭う大陸

当然のことですが、ルネサンス時代はただ明るく華やかだったわけではありません。ルネサンス時代は戦国の世でもあるため、暗殺や裏切りが横行する、きな臭い時代でもありました。職業選択の自由はまったくないに等しく、親と異なる職業に就くことは例外的なことでした。

また、当時はもちろん電気もなく、ロウソクやオイル・ランプがその代わりを果たしていました。したがって、人々の日没後の活動はかなり制限されていました。食事も基本的に一日一食に近く、内容も今日のそれと比べるとずいぶん質素なものでした。

基本はパンにワインと野菜スープ。当時の人は私たちが想像するよりは多くの肉を食べていましたが（図64、170ページ）、主要なタンパク源はあくまで乳製品と卵でした。野菜の

図 64　北ヨーロッパの富裕商人の食事風景。テーブルの上には塩入れとパン、ワイン、肉。『ダ・コスタ時祷書』、1520 年。

ヴァリエーションも少なく、ヴィタミンやミネラルは常に不足していました。そして何より当時の食生活を味気ないものにしていたのは、スパイスやハーブの類が一般にはほとんど出回っていなかったことです。

衛生環境は、大げさではなく〝劣悪〟でした。かつて古代ローマで機能していた上下水道はゲルマン民族の侵入により破壊され、復元されることなく放置されていました。中世の長い間、人々は水道橋などの遺構が何のためのものなのか、すっかり忘れたまま暮らしていたのです。トイレには樽や桶を用い、たまったら広場に捨てるか、窓から道へ投げ捨てていました。もしくは、穴の空いた出窓に腰掛けて用を足し、汚物を直接道へ落としていました。

ルネサンス時代も状況は変わりません。古代ローマ人があれほど浴場好きだったのが信じられないほど、入浴の習慣もすっかり失われてしまっていました。当時のヨーロッパを一言でいえば、「臭う大陸」がぴったりくるでしょう。

当然ながら人々はさまざまな病に苦しめられ、特にペストに対してはほとんど無力でした。一四世紀にこの恐ろしい病が大陸に入ってきて以来、近代の終わりに至るまで、男女とも死因の第一位を常にペストが占めていました。

また、一五世紀末に登場した新たな脅威である梅毒は、コロンブス（クリストフォロ・コロンボ）の艦隊によってアメリカからもたらされました。その遠征に参加していた傭兵たちが、新たな職場としてフランス軍のナポリ包囲戦に加わったことで全ヨーロッパに広まります。男ばかりの兵の宿舎の側で営業していた娼婦たちが、この性病の伝染に大きく関与しました。大航海時代であると同時に戦国時代だったからこそ広まった梅毒は、まさにルネサンス時代の裏の面を象徴する存在といえるでしょう（図65）。

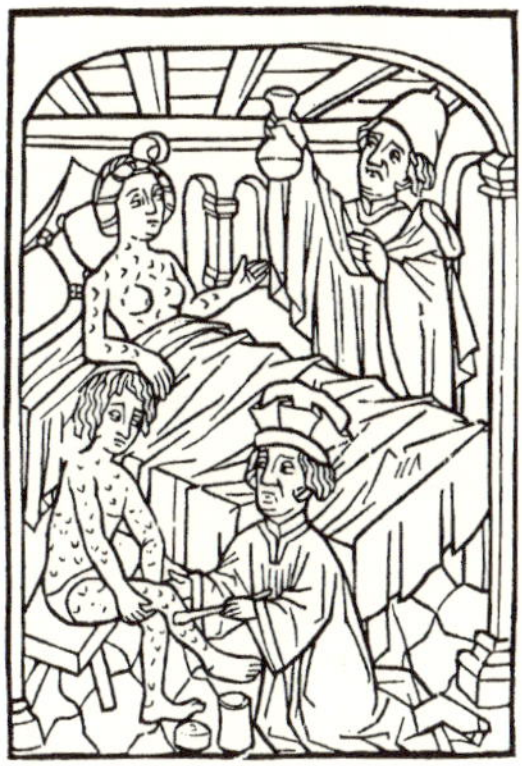

図65　梅毒に罹患した一家。1498年のバルトロメウス・シュテーベルの書から。

もちろん、人々はただ指をくわえて見ていただけではありません。すでに九世紀にはサレルノに医学校も誕生しており、一一世紀以降にはヨーロッパ各地に大学が整備され始めます。ルネサンス期には、修道院の一部に孤児院や入院施設が併設されるようになりましたが、医学知識は古代のガレーノスが到達した水準からほとんど変化がありませんでした。

こうした衛生環境や医学などについてはすでに他の著書で書いたので（拙著『血みどろの西洋史』河出書房新社）、ここでは詳しく論じません。ただ、レオナルドやヴェサリウスによって解剖学知識が飛躍的に増大したり、錬金術師パラケルススによって鉱物療法が考案されたりしたことも、ルネサンス科学のポジティヴな成果の一つとして特筆すべきことでしょう。

出産マシーン

女性を取り巻く環境も厳しいものでした。一見華やかに見えるルネサンス時代は、実は魔女狩りが最も盛んに行われた時代でもあります。そこには、エヴァの原罪のストーリーから延々と続く「女性＝誘惑に弱い生きもの」という偏見に加え、女性の社会進出を拒む根強い力が働いていました。魔女として断罪された女性の中に、産婆や薬剤師など、男性が扱わなかった分野を引き受けていた、いわゆる〝賢女たち〟が多く含まれているのはそのためです。

産婆（今でいう助産師に当たります）が女性だけなのは、当時の性的モラルが災いして医学校などから婦人科が除外されていたためです。そのこともあって、出産時の危険は恐ろしく高く、女性の死因の第二位を産褥熱が長らく占めていたほどでした。女性の一生は、子供を産み、子供を育てるためにあったといっても過言ではありません。もちろん、社会進出の機会も与えられていません。

農村地域では、結婚相手を決めるにあたって、〝カップリング〟が行われていました。これは、妊娠確率をひたすら上げるために考案された方法です。カップリングとは、村での結婚式の日や収穫祭の晩、カップルとなった男女のペアがそのまま擬似的結婚に入り、一定期間内に妊娠すれば正式に夫婦となり、そうでなければペアを解消して次は別の男女でペアを作る方法です。

一方、都市においては状況は異なります。都市は商人が中心の社会ですから、彼らは結婚も自分たちの商売の戦略として利用します。当然、息子や娘たちに配偶者選択の自由などあるはずもなく、親が決めた相手と結婚します。女性は早ければ十歳にならないうちに、もう結婚相手が決まっていました。富裕層であればあるほど、女性の結婚年齢も早くなります。なぜなら、家事の訓練が不充分な年齢の女性でも妻として迎えることができるのは、召使を雇う余裕のある富裕層に限られていたからです。そして、富裕層では乳母も雇えるため、妻は自ら授乳することなく、出産後の月経を早めることで少しでも妊娠回数を増やそうとします。

また、私有財産ができれば、次代への相続を考えるのが人の性《さが》というものです。そうなると、その子が本当に自分の子であるのか、父親としては確証を得たいと思うものです。そのため、富裕層では妻となる女性が結婚時に処女であることが重要視され、初夜の性交渉を証人たちが周囲で見守る〝お床入り〟のような奇妙奇天烈な習慣まで行われていました（図66）。

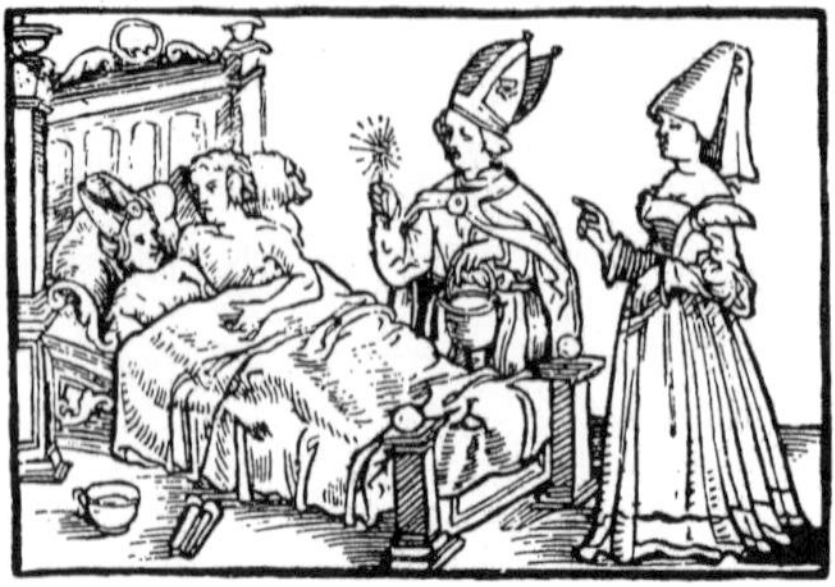

図66 “お床入り”の様子。新婚夫婦の寝台を浄める神父と、証人となる女性（新婚夫婦の母）。15世紀の版画。

こうした恋愛事情と結婚事情、売春業や家庭などの女性を取り巻く環境についても別の書で取り上げたので（拙著『恋する西洋美術史』光文社新書）、詳しくはそちらをご覧ください。

いずれにせよ、中世のみならずルネサンスに入っても、女性は職業にせよ家庭にせよ、自分の一生を大きく左右する決定に際しての選択権をほとんど与えられていませんでした。詩人として名を残したヴェネツィアの高級娼婦ヴェロニカ・フランコや、小国マントヴァの主《あるじ》として辣腕を振るった女傑イザベッラ・デステなどは、あくまで例外的な存在にすぎません。

一方で、前章まで見てきたような〃商業の世紀〃たるルネサンスならではの変化も起きています。

商業の発達は、個人経営による商店の増加を促します。それまでの家庭は、男性は仕事、女性は家事と育児と、男女での分担がはっきり分かれていました。ここに掲載した版画（図67）でも、男性であれば、幼い頃から商売に必要な読み書き算盤《そろばん》を習っている一方、女性は小さな頃から糸紡ぎなどの家事をこなしていることがわかります。

図67　ルネサンス初期の版画。家庭内の労働分担がわかる。

しかし、個人経営による商店が増えていけば、当然ながら女性もその商店での労働力の一部として期待されるようになります。すると、それまでほとんど無視されてきた〃女性の教育機会〟は増大します。女性も商売の手伝いをするのであれば、当然ながら読み書き算盤ができたほうが良いに決まっています。
　ここに掲載したマセイスの絵（図68）でも、両替商の夫婦がともに貨幣を数えていますが、それ以上に、女性が時祷書のようなもののページをめくっていることが重要です。このように女性が読み書きができるのも、ルネサンス期の商業の発達のおかげです。その後のバロック時代になると、さらに成熟した商業社会がオランダに出現します。

図68　クエンティン・マセイス、〈両替商とその妻〉、1514年、パリ、ルーヴル美術館。

　そこでは一般女性が教育を受けていることは当然のこととなり、ハンス・フェルメールなどの絵画に、ラヴ・レターを読んでいる女性のモチーフが自然に登場するようになるのです。

5-2　共和政の放棄と傭兵制の敗北

描かれた騎馬像

いくつかの条件が偶然揃ったことによってルネサンスが開花したのと同様、ルネサンスの衰退もまた、いくつかの要因が重なったことを理由とします。

衰退の要因の一つは、特にイタリアをルネサンス揺籃《ようらん》の地ならしめた、その社会が持つ構造自体にあります。その構造とは、商人たちによってコムーネが運営されていたこと、それらコムーネ同士がお互いに覇権を競っていた社会のことです。

まず、コムーネによる群雄割拠状態は半島を内戦状態にします。その中で生き残るためには、当然〝武力〟を必要とします。昔の封建社会であれば、軍事力といえばすなわち、戦時には騎士となる貴族たちが、農閑期に領内の農民たちに武器を持たせて引き連れていく図を意味していました。ところが、もともと商人たちのギルドによって運営されるコムーネのこと、自分たちが前線に立つよりは、彼らはその豊富な資金力を活かして〝傭兵を雇う〟方を選択します。職業的な戦争のプロである傭兵の方が、農民より当然戦闘には長けており、季節労働者のように戦時にだけ雇えば良いので経済的にもお得だろう――商売のプロである彼らはこのように考えたわけです。

しかし、この選択は裏目に出ます。プロフェッショナルである傭兵隊は、当然ながら金額によって動きます。今日の味方が、より高給を持ちかけてきた相手側に明日寝返るなどということも起こりうるわけです。今日のプロ野球のFA制度のようなものです。そうなると、彼らをつなぎとめておくために傭兵の価格は上昇します。財政を圧迫するだけの軍事費のために、多くのコムーネが傭兵契約維持のためだけの目的税を導入するほどでした。

しかも時代は戦乱の世、隣国とは絶えず臨戦態勢にあります。ということは、季節労働者のように用が済めばポイ、というコムーネの目論見は脆《もろ》くも外れ、傭兵維持費が恒常的にかかってくることになります。傭兵たちも慣れたもの、相手を完全に滅ぼしてしまうと職を失います。彼らはコムーネに切られない程度に小さな勝利を時おり交ぜながら、雇用期間を終了させないよう戦闘を長引かせようとします。

フィレンツェの政治家ニッコロ・マキャヴェッリは、有名な著書『君主論』の中で、こうした傭兵たちの〝お手盛り〟戦闘の手抜きぶりを嘆いています。

さて、ここで高さ八メートルの巨大なフレスコ画である〈ジョン・ホークウッド騎馬像〉（図69）を見てみましょう。

ウッチェロは作品の中央に堂々と自分のサインも残しています。そこには、ジョヴァンニ・ダクートというこの作品のモデルの名前も書かれています。彼はイギリス出身の傭兵隊長です（本名をジョン・ホークウッドといいます）。つまり、フィレンツェの将軍を、遠く離れたイギリスの出身者が務めているわけです。もともと傭兵には、体が大きく、貧しい地域の出身者（当時のスイスなど）が多いのですが、一国の軍の指揮権まで外国人に預けるのは、現代的な感覚からは驚かれるかもしれません。ここからは、ルネサンス人の計算高さ、割りきりの良さといったものが垣間見えます。

図69　パオロ・ウッチェロ、〈ジョン・ホークウッド騎馬像〉、1436年、フィレンツェ、サンタ・マリア・デル・フィオーレ大聖堂。

騎馬像のスタイル自体、やはり

古代ローマに由来します。第3章でも述べましたが、古代ローマでは、対外的な勝利を収めた皇帝や将軍を、ローマに帰還する際に凱旋式で祝福し、称えました。さらに、ローマのカピトリーニ美術館に残っている〈マルクス・アウレリウス帝騎馬像〉のように、馬上での勇ましい姿を青銅(ブロンズ)による騎馬像にすることも広く行われていました。

この伝統を復活させたのが、ルネサンス美術の彫刻における創始者ドナテッロです。パドヴァにある彼の〈ガッタメラータ騎馬像〉は高さ三メートル以上の規模を誇り、古代の凱旋将軍たちの威風堂々たる雰囲気をよく復活させています。彼のモデルとなったガッタメラータという人も、ヴェネツィアの傭兵隊長として長く活躍した人です。

一方、ウッチェロ作品のホークウッドは、何度も雇い主を替えたあげく、なんと七十歳も間近になってフィレンツェ総司令官に就任しています。対ミラノ戦で重要な勝利を収めたことに報いるため、フィレンツェは彼の騎馬像を作ったのです。ただ、ブロンズよりははるかに安価で済むフレスコ画にしているところは、さすが商売上手のフィレンツェ人といった感じです。

共和政の放棄

第3章で見たように、フィレンツェ・ルネサンスの立役者だったコジモ・デ・メディチ（イル・ヴェッキオ）は、実際には裏から街を統治していながら、自らは表舞台に立たないよう努めていました。

しかし、この〝美徳〟のようで、かつ巧みな〝変装〟は、コジモが世を去ると急速に失われてしまいます。いつの世でも、初代の遺志を二代目以降が守らないために危機が訪れるものです。コジモの子ピエロは、痛風を病んでいたために〝イル・ゴットゥーゾ（痛風病み）〟と呼ばれ、メディチ＝リッカルディ宮の〈東方三博士の礼拝〉（図37、118ページ）などのパトロンとして名を残したほかは、それほど目立った業績を挙げていません。

それに比べれば、ピエロの子（コジモの孫）であるロレンツォは、派手な一生を送っています。彼は数々の式典、中でも派手な〝ジオストラ（槍騎馬試合）〟を催しては、庶民を沸かせていました。もちろん、最後には自分が優勝するように仕組んでいました。表彰式では、彼の愛人と誰もが知っている美女（部下の妻！）に月桂冠を贈らせるほどの有り様でした。

ロレンツォの弟で、美男の誉れ高かったジュリアーノが優勝するようにセッティングされたジオストラも開催されたことがあります。その時も、やはり他人の妻なのに、誰もがジュリアーノの愛人だと知っているシモネッタという美女が月桂冠を授けたというから開いた口がふさがりません。そんな八百長ショーのどこが楽しいんだろうと首をかしげますが、それでも庶民の人気をがっちりつかんでいたというのですから不思議です。

こうして、あからさまに支配者然と振る舞うロレンツォに対し、これを危険視する人々ももちろんいました。そして、メディチ家支配に対する一種のクーデターである「パッツィの乱」が起こります。しかし、大聖堂でのミサ中にメディチ家兄弟に襲いかかった叛徒は弟の殺害には成功しますが、ロレンツォは取り逃がし、この反乱は一日ももたずに失敗に終わります。

パッツィ家もかなりの名家なので、このクーデターはただ単に、メディチ家に取って代わって自らが権力の座に就こうとしただけかもしれません。しかし、反乱を起こした時の彼らは、街に出て大衆に「自由を！」と叫んだ、と記録されています。ここから、パッツィ家も擬似共和政の堅持を一応大義名分としていたことがわかります。しかし、大衆は逆に彼らを捕えてなぶりものにしてしまいます。大衆のかけ声は「パッレ！」。パッレとは、先に挙げたメディチ家の紋章のことです。

ここに掲載したメダル（図70）は、パッツィ家の反乱の収束を記念して、ロレンツォが作らせたものです。このメダルはかなり多く作られたようで、ワシントンのナショナル・ギャラリーやロンドンのヴィクトリア・アンド・アルバート美術館などにも同じものがあります。

左上に記されている「Lavrentivs」は、ロレンツォのラテン語綴り、右上にはメディチの名前が彫られています。メダルの下半分には反乱時の様子が、上半分にはロレンツォの顔があります。ロレンツォの頭部はまるで古代の皇帝の巨像を思わせ、ご丁寧にもメダル中央には「人民に幸あれ」と書かれています。明らかに、古の王や皇帝に対する崇拝の表し方となんら違いはありません。

図70　ベルトルド・ディ・ジョヴァンニ、〈メディチ兄弟のメダル〉、1478年、フィレンツェ、バルジェッロ美術館。

この成り行きもまた、人類が歴史上何度も経験してきたことです。共和政はたいてい、どこかで君主政へと移行して終わります。共和政ローマからローマ帝国へ、フランス革命政府からナポレオン王朝へ。同じ現象が、ここルネサンスのほとんどのコムーネでも起こっています。

たしかに、集団による合議制では、その命令系統の複雑さによる意思決定の遅さが戦時には足かせになります。この欠点を解消するために、フィレンツェは短期間限定の権限集中のシステムを導入し、ヴェネツィアは今日のアメリカ合衆国議会と大統領の関係に似たシステムを考案しています。ドージェ（統領・提督）を置く、ヴェネツィアのこのシステムはうまく機能します。その証拠に、他のすべてのコムーネが徐々に姿を消していく中にあって、ヴェネツィア共和国だけがナポレオンに征服されるまで命脈を保ちました。

しかし、その他のコムーネの行く末を見ていると、「民衆は一人のヒーローを望むものなのだ」とでも結論づけないかぎり、これらの動きを説明することはできません。事実、人々は一人の権力者を祭り上げ、せっかく築いた擬似共和政を放棄していきます。

各コムーネにおいて実質的に権力の座に就いた者を〝僭主（シニョリーア）〟と呼びます。こうして、各地に実質的な支配者に当たるシニョリーアの地位を占める家系が誕生していきました。フィレンツェのメディチ家、マントヴァのゴンザーガ家、フェッラーラのエステ家などがそうです。中にはボローニャのベンティヴォリオ家のように、再び大衆の蜂起によって打倒されるシニョリーアもいますが、大勢としては擬似共和政は徐々に擬似君主政へと移行していきました。

しかも、シニョリーアの代表格であるメディチ家は、かつてのコジモ・イル・ヴェッキオの時代とはまったく違う家になっていました。ロレンツォは、あからさまに支配者然と振る舞っただけでなく、家業の金融業における衰退を招いてしまっていたのです。

ロレンツォの時代のカタストでも、メディチ家は相変わらずフィレンツェの納税額一位の座にいました。しかし、他家との差は明らかに縮まっています。というのも、ロレンツォは余剰資金で市内の物件や市街の農地などを買い漁《あさ》って多くの物件を所有し、他人に貸しては賃料を取る不動産業へと、金融業から徐々にシフトしようとしていたからです。これは明らかに中世的な封建領主の考え方です。この手法でも、ある程度の安定性は得られたかもしれません。しかし逆にいえば、これは新たなアイデアに集中資本投下するためのフローを手元に用意できなくなったことを意味します。

ロレンツォ・デ・メディチの時代は、ボッティチェッリやレオナルド、ミケランジェロといった大芸術家たちの脂が乗った時期と重なるので、一見とても華やかです。そのため、彼のことを〝イル・マニフィコ（豪華なる人）〟と呼びますが、実際には彼の時代にメディチ家の経済力の縮小、ひいてはフィレンツェ金融業の衰退が始まっていました。

芸術のパトロンとしても、コジモ・イル・ヴェッキオが建築などの〝世に残る〟大事業に注力したのと異なり、ロレンツォ・イル・マニフィコは先に見たジオストラのような、祭典や演劇などの一過性で派手な分野を好んでいました。そのため、市内の大工房すべてに回るだけの仕事量はフィレンツェにはもはやなく、レオナルドのミラノ移住や、ミケランジェロのローマへの活動拠点の移動の原因ともなりました。華の都フィレンツェは、かつての貯金とステータスによって文化都市としての名声を誇っていたものの、内実は沈みかけた船のように人材流出が始まっていたのです。

絶対王政国家に対する敗北

一四九四年、フランス王シャルル八世が、ナポリの継承権を主張してイタリア半島に侵入します。メディチ家はこのあおりを受けてフィレンツェから一時的に追放されています。また、梅毒の最初の伝播はこの戦争をきっかけにしています。各国間で非常に複雑な外交的駆け引きが展開されますが、ともあれ、この時はイタリア各国が同盟を結んで対峙し、フランス勢力を半島から押し戻すことに成功しています。

しかし、一四九九年、フランス勢力が再び半島に現れます。亡くなったシャルル八世には男子継承者がいなかったため、後を継いだルイ十二世がフランス軍を率いていました。一五〇〇年にはミラノを占領。ルドヴィコ・スフォルツァは敗北し、後ろ盾を失ったレオナルド・ダ・ヴィンチの、長い長い諸国放浪の旅が始まります。

フランスがこれほど何度もイタリアに侵入できたのは、フランスが絶対王政国家をいち早く作り上げていたからです。この体制は、たった一人の王の下に全国民がぶらさがる構造です。もちろん、貴族たちの勢力争いのために権力基盤が危うくなる時も何度も訪れてはいましたが、国全体が都市ごとに独立国家を形成して群雄割拠状態にあったイタリアとは、権力構造の安定性とサイズが違います。また、フランス軍にも傭兵が大勢組み込まれていましたが、なにしろ国家軍であるため、規模は数万になります。対してイタリアでは、コムーネが雇っていた傭兵隊同士が繰り広げていた戦闘の規模は、わずか数百騎程度でした（数千の騎がぶつかった戦闘は、ルネサンス期のイタリアでは数えるほどしかありません）。

フランス軍にとっては、一つ一つのコムーネとの戦闘など怖くはありません。最終的にはルイ十二世も半島から撤退することになりますが、これは、半島の国家群が同盟を結び、さらにその後ろに別の絶対王政国家であるスペインなどの影があったからこそのことです。文化面はともあれ、こと軍事力と政治力において、イタリアの凋落《ちょうらく》は誰の目にも明らかでした。

マキャヴェッリがこうした状況を悲観し、やがてイタリアが直面する危機を予言してチェーザレ・ボルジアに夢を重ねたのにもわけがあります。チェーザレは教皇アレクサンデル六世の庶子として（生涯童貞であるはずの教皇に子がいるというのもすごいことですが）、教皇庁の拡大戦略に乗り出します。彼は軍事的な才能に恵まれていたので、短期間で中部イタリアを席巻します。マキャヴェッリは、共和政の理想を捨ててでも、チェーザレのイタリア再統一の可能性に賭けたのです。マキャヴェッリは、イタリアの復権のためには強固な権力構造と常備軍の必要があることを説いています。しかしチェーザレもまた、教皇を父に持つからこその儚《はかな》い権力基盤しか持っていなかったことを、父の急死で思い知るのです。

このような状況下にあったイタリアでは、シニョリーアが公（ドゥーカ）や大公（グランドゥーカ）の地位を襲名し、名実ともに君主制へと移行する流れが加速します。メディチ家も、一五六九年にはついにトスカーナ大公となります。ルネサンスを花開かせたフィレンツェが、共和政の理想を完全に放棄した瞬間でした。

フィレンツェの大聖堂がある広場からまっすぐ南に下ると、シニョリーア広場に出ます。ここは、フィレンツェのかつての政治の中心です。そこに世界に冠たるウフィツィ美術館が

図71　フィレンツェのポンテ・ヴェッキオ（ヴェッキオ橋）。

ありますが、〝ウフィツィ〟とは〝オフィス〟（現代イタリア語ではウフィーチョ）のことです。つまり、かつてはこの建物の中にフィレンツェ政府の役所がすべて入っていました。

その美術館の三階の窓から、南に面したアルノ川のほうを眺めると、有名なポンテ・ヴェッキオの姿が見えます（図71）。ここも有数の観光スポットとして知られていて、橋の両側にびっしりと貴金属細工の店が並び、いつも人で賑わっています。

窓からこの橋を見る時に注目していただきたいのが、ウフィツィ美術館からポンテ・ヴェッキオへ向けて、二階部分がずっと廊下のように続いていることです。この二階廊下は橋を渡って、さらにピッティ宮へと続いていきます。設計者は「万能人」のヴァザーリです。そのためこの廊下は「ヴァザーリの回廊」と呼ばれています。

ラファエッロの有数のコレクションなどで知られるピッティ宮は、その名の通りピッティ家が造らせた大宮殿です。トスカーナ大公となったコジモ一世・デ・メディチ（コジモ・イル・ヴェッキオとは別人）が妻のために購入した後は、メディチ家の本拠となっていました。

つまり、政庁舎から川を渡ってメディチ家の邸宅まで、二階部分の廊下が途切れることなくずっと続いているのです。何か緊急事があれば、メディチ家の人々は廊下を行き来すればよく、地上を歩く時に敵に襲われる危険を排除することができます。この建築構造は、大公となったメディチ家がいかにフィレンツェを私物化していたかを今によく伝えています。

5-3　イタリアの斜陽とルネサンスの終わり

大航海時代による重心の移動

フラ・マウロによる〈マッパ・ムンディ〉（図72、192ページ）は、一四五九年にヴェネツィアで製作された世界地図です。本来は南を上として描かれているのですが、私たちが見やすいようにここでは南を下にして掲載しています。

大航海時代が始まる直前に製作されたため、この地図には当然、「新大陸」の姿はまだありません。製作地のヴェネツィアは、当時、最も力のある港だったため、この地図は当時の最先端の世界認識を反映したものと考えられます。また、ジパング島の記述がある現存最古の西洋地図として、私たち日本人にとっても重要なものです。

この地図を眺めていると、アジアやアフリカの朦朧《もうろう》、茫漠《ぼうばく》とした描き方に比べて、地中海世界の精確な描写が際立ちます。当時、物流は地中海でほとんど事足りていて、また、交易

図72　フラ・マウロ、〈マッパ・ムンディ（世界地図）〉、1459年、ヴェネツィア、マルチャーナ図書館。

のために船が頻繁に行っていた場所だからこそ、その地形も精確に描かれていたのでしょう。

さて、ルネサンスを終わらせた一つの要因が、ほかならぬ〝大航海時代〟です。コロンブスやアメリゴ・ヴェスプッチといった、新大陸の〝発見〟を推進した船乗りたちが皆、イタリア人であることは皮肉なことです。というのも、そのせいで交易の重心が地中海から大西洋へと完全に移ってしまったからです。

大航海時代には、ヨーロッパから西をスペインが、東をポルトガルが探索したことはよく知られています。

そのポルトガルが開いた新航路により、香辛料がヨーロッパ大陸にもたらされます。一六世紀初めにリスボンに水揚げされた香辛料は、ポ

図73　ヤコポ・リゴッツィ、〈Psittacus Ararauna（コンゴウインコ）〉、1580～1600年の間、フィレンツェ、ウフィツィ美術館。

ルトガルに莫大な利益をもたらしました。

その結果、リスボンでの胡椒の価格は、それまでヴェネツィアに入ってきていたものの半額以下になります。利益率は二百パーセント超（かかったコストの倍以上の利益が得られるという意味です）。ナツメグに至っては利益率はなんと四百パーセントを超えます。北ヨーロッパの商人たちは、もう誰もヴェネツィアまで買い付けに行こうとはしません。皆、大西洋沿岸沿いにスペインやポルトガルへと商船を走らせるようになります。地中海の覇者イタリアは、こうして経済的優位を急速に失っていきました。

ところで、ここに掲載しているのは、それまでヨーロッパにはいなかった動物であるインコを描いたスケッチです（図73）。それも、実物に忠実に、できるだけ正確に描こうという画家の姿勢がよく伝わってきます。大航海時代がもたらしたものは、なにも金やスパイスばかりではありません。ここにあるのは、新しいものに対する博物学的な視線です。

宗教改革による打撃

ルネサンスを終わらせたもう一つの要因が〝宗教改革〟です。

マルティン・ルターの友人であったルーカス・クラーナハ（父）による版画は、かなり激烈なものです（図74）。描かれているのは、左ページに鞭打《むち》たれる受難のキリスト。一方、右ページには、キリストの威を借り、あるいは彼になりすまして人々を騙《だま》し貶《おとし》める〝アンチキリスト〟が描かれています。注目すべきはアンチキリストの姿です。三重冠をかぶり、誰がどう見てもローマ教皇にしか見えない姿をしています。

教皇庁への批判はこれが初めてではありません。アッシジの聖フランチェスコでさえ、教皇庁を批判していました。教皇庁の教会での信仰態度に疑問を呈したからこそ、聖フランチェスコは修道会の創立に至ったのです。

図74　ルーカス・クラーナハ（父）、〈キリストとアンチキリスト〉、1521年、ロンドン、大英図書館。

また、一四九四年、メディチ家を一時的にフィレンツェから追放し、信仰に基づく神権政治を打ち立てたサヴォナローラは、サン・マルコ修道院（フラ・アンジェリコの壁画で有名です）の院長でしたが、扇動的な演説の中で教皇庁を激烈に非難しています。しかし、彼はやりすぎたのでしょう、破門されて一気に市民の支持を失い、最後は火刑に処せられてしまいます。しかし、教会のあり方に対する批判は徐々に高まっていきました。

天国と地獄に行く前に、まず煉獄で何年もかかるとされていた浄化の期間を、見ただけで短縮するとされていた聖遺物信仰と同様、お金で買うだけでその人の罪の償いが免除されるといわれていた贖宥状《しょくゆうじょう》（免罪符）についても、当時すでにその怪しさに気づいていた人が少なくありませんでした。

ルターもその一人です。購入した贖宥状を見せながら、これで贖罪はもう必要ないと嬉しそうに言ってくる信者が、ルターの教区にも多くいたそうです。彼の一五一七年の有名な「九五ヶ条の論題」も、正確には「贖宥状の意義と効果に関する見解」といい、贖宥状の正当性について疑問を呈する内容のものでした。

贖宥状の販売が一気に増えたのは、ローマのサン・ピエトロ大聖堂の大改修のためです。聖ペテロ（イタリア語でサン・ピエトロ）のお墓の上に建てられた旧サン・ピエトロ大聖堂は、巨大なバジリカ形式のものでしたが、なにしろ四世紀のコンスタンティヌス大帝時代のものなので老朽化が目立っていました。

そのため一五〇六年に始まった大改修はバロック時代まで続けられ、旧聖堂の面影をあとかたもなく消し去ってしまうほどの大がかりなものとなりました。大改修はブラマンテを造営主任として始められ、彼が亡くなったためにラファエッロが後を継ぎ、さらにラファエッロまで夭逝《ようせい》してしまうと、ミケランジェロが建築監督となります。現在の大クーポラはミケランジェロの設計によるものです（図75）。

この未曽有の大工事のため、教皇庁は巨額の資金を必要としました。そのための打出の小

図75　ローマ／ヴァティカンのサン・ピエトロ大聖堂、大クーポラの内側。構造設計はミケランジェロによる。

槌が贖宥状だったのです。この小槌を最も頻繁に振ってしまったのが教皇レオ十世です。ラファエッロによる肖像画（図76）が残っていることでわかるように、彼ら大芸術家たちにとってレオ十世は気前の良い大パトロンであり続けました。

それもそのはず、彼はロレンツォ・イル・マニフィコの息子だったのです。彼が、パトロンとしても浪費家としても一流のメディチ家出身の教皇なればこそ、贖宥状の問題を引き起こしてしま

図76　ラファエッロ・サンツィオ、〈教皇レオ十世〉、1517〜18年、フィレンツェ、ウフィツィ美術館。

ったように思えます。結果的に、宗教分裂がルネサンスの終焉の一因となるのですから、ルネサンスはつくづく、良くも悪くもメディチ家によって常に大きく影響され続けたことがわかります。

前述したように、「十分の一税」とは、あらゆる商業活動の利益の十分の一が黙っていても教会に入ってくるシステムのことです。ローマは、このおかげでずいぶんと潤っていました。しかし、それは中世の初めから、皇帝と教皇の喧嘩の火種になっていた主たる要因でもありました。聖職叙任権闘争などは、結局、この利益配分率の決定権をどちらが握るかの綱引きでもありました。

宗教改革によってプロテスタント（新教）がカトリック（旧教）から分離してしまうと、カトリック教会は信者の数だけでなく、経済力も突如として半分失ってしまったことになります。これはローマの、そしてイタリア・ルネサンスにとっての大打撃となります。

新大陸やアジアへ艦隊を派遣したスペインとポルトガルが、いずれもカトリック勢力であったことはきわめて示唆的です。つまり、大航海時代の後半は、突如失われた半数の信者と経済基盤を補填するためのカトリック圏のキャンペーンでもあったのです。

すでに誰の目にもイタリアの斜陽は明らかでした。そんな中、フランス王フランソワ一世

（図77）は、万能人レオナルド・ダ・ヴィンチを筆頭に、建築家セバスティアーノ・セルリオや画家ニッコロ・デッラバーテ、画家ロッソ・フィオレンティーノ、彫刻家ベンヴェヌート・チェッリーニといったイタリアの著名な芸術家を自らの宮廷へ大勢招きました。彼らは高給を約束され、レオナルドなどは、イタリアでついに得ることができなかった「宮廷画家」という身分を、晩年になってフランスで初めて与えられたことになります。

フランソワ一世の狙いは明らかです。すでに軍事力や経済力ではイタリアを圧倒していたフランスは、後れをとっていた文化面でもイタリアに追いつき追い越そうとしたのです。

図77　ジャン・クルーエ、〈フランス王フランソワ一世〉、1525〜30年、パリ、ルーヴル美術館。

フランソワ一世の宮廷が置かれていたフォンテーヌブローには、イタリアからもたらされた芸術が、フランスの地域様式と混合して花開きます。

最初の世代はイタリアから招聘された芸術家がほとんどを占めますが、次世代からはフランス出身の画家たちが中心となります。第4章で登場したジャン・クーザン（図63、1

65ページ）などはその代表的な存在です。フォンテーヌブロー派と呼ばれることになる彼らマニエリスムの芸術家たちは、フランスに文化的隆盛をもたらす土壌を用意します。

こうして、フランソワ一世の目論見は当たります。古代からヨーロッパ美術のほとんどがイタリア中心で動いていたのに対し、マニエリスム以後はフランス美術がその地位に躍り出ます。アングルらの新古典主義、ドラクロワらのロマン主義しかり、印象派しかり。そして、ルネサンスの中心地だったイタリアがその地位を取り返す日は、もう二度と来ないのです。

第6章

ルネサンスの美術家三十選

ルネサンス時代には、激動期にふさわしく、魅力的な人物たちが数多く現れました。金属活字によって印刷術を飛躍的に向上させたグーテンベルク。オスマン・トルコの圧倒的な力を前にしながら、ハンガリーにつかの間の平和をもたらしたコルヴィヌス。イタリア統一の夢なかばで斃《たお》れたチェーザレ・ボルジア。未知の大陸に夢を馳せたポルトガルのエンリケ航海王子。男ばかりの政治の世界にあって、並み居る大国に伍して小国マントヴァの命脈を保った女傑イザベッラ・デステ。奇跡の少女ジャンヌ・ダルク……。

この章では、美術（絵画・彫刻・建築）分野で活躍した人物の中から三十人を選んで見てみましょう。ルネサンスは単なる美術分野での変革ではないと本書で繰り返し述べてきましたが、重要な要素であることは確かです。また、実際に今日私たちが現地を訪れて目にすることができるのは、美術上の成果にほとんど限られます。

三十人を選ぶに際し、時代区分を、プロト・ルネサンス期とマニエリスム期を除く純粋なルネサンス期に限定し、生年順に並べました。ただし、マニエリスム期の生まれであっても、本質的にルネサンスに区分すべき美術家であればここに含めました。

1 フィリッポ・ブルネッレスキ
（1377フィレンツェ〜1446フィレンツェ）

彫刻家としての挑戦でギベルティと痛み分け（図51）して建築家に転身。構造と意匠の両面で古代建築に学び、フィレンツェ大聖堂のクーポラ（図52）や捨児養育院など、フィレンツェの人々をして「ブルネッレスキの街」と言わしめるほど精力的に作品を残します。

正円と正方形で構成されたパッツィ家礼拝堂はルネサンス建築の典型例です。初期ルネサンス美術の主導者として、彫刻分野のドナテッロと絵画分野のマザッチョとはお互いに知識を融通し合っており、特にルネサンス遠近法の成立ではブルネッレスキが主導的役割を果たしています。主たるパトロンはフィレンツェ政府とコジモ・イル・ヴェッキオ。

パッツィ家礼拝堂内部、1430年頃着工、フィレンツェ、サンタ・クローチェ教会。

2 ドナテッロ
（1386フィレンツェ〜1466フィレンツェ）

本名ドナート・ディ・ニッコロ・ディ・ベット・バルディ。ギベルティ工房の出身で、独立後はブルネッレスキと相互に影響を与え合う関係になります。〈聖ゲオルギウス〉（図12）は、ギルド（アルテ）主導のルネサンス美術の特質をよく表す好例です。その下にある浅浮彫《スキアッチャート》では、彫刻に遠近法などの絵画的要素を採り入れています。

古代のローマ皇帝騎馬像を復活させたような〈ガッタメラータ騎馬像〉、それまでの直立型を脱し、片足に体重をかけたポーズ《コントラポスト》を採用した〈聖マルコ〉など、古代彫刻の研究から発して、より自然な人間描写を始めた点で、実に〝ルネサンスらしい〟彫刻家です。

〈ダヴィデ〉、1440年頃、
フィレンツェ、バルジェッロ美術館。

3 ヤン・ファン・エイク
（1390頃マーセイク〜1441ブリュージュ）

兄フーベルトとともに北方ルネサンスを代表する画家であり、油彩技法の完成者としてイタリアを始め各地で広くお手本とされました。油彩技法の原型に当たるものは古くからありましたが、板に彩色するにあたって、それまで用いられてきた卵と膠《にかわ》によるテンペラ技法ではなく、乾性油を展色剤として用いる彼の技法は、画面に透明感を与えるとともに、塗り直しなどの制約も大幅に緩和した美術史上の重要な転換点となりました。

署名作品を数多く残していることも特徴の一つです。また、もともと北ヨーロッパには優れた写本装飾の伝統があり、ヤンの緻密な描写もそこから来ています。

〈ロランの聖母〉、1435年頃、
パリ、ルーヴル美術館。

4 パオロ・ウッチェロ

（1397プラートヴェッキオ〜1475フィレンツェ）

フィレンツェの初期ルネサンスの特質をよく表す画家です。彼は人体の構造を正確に把握するために、実際に人間をモデルにスケッチを行ったであろう最初の画家の一人であり、また空間に奥行きを与えるべく、遠近法作図を重視した最初の画家の一人でもあります。特に遠近法への没頭ぶりはよく知られており、そろそろ寝るよう妻に言われても「遠近法が可愛くって」と答えたエピソードがヴァザーリによって伝えられています。

本名パオロ・ディ・ドーノ。フィレンツェではかなり重用された画家であり、大聖堂（図52）やサンタ・マリア・ノヴェッラのような重要な教会に作品を残しています。

〈サン・ロマーノの戦い〉（三部作の一枚）、1455年頃、フィレンツェ、ウフィツィ美術館。

5 ロヒール・ファン・デル・ウェイデン

（1399／1400トゥルネー〜1464ブリュッセル）

ロベルト・カンピン（フレマールの画家）の弟子。ヤン・ファン・エイクと並ぶ初期北方ルネサンスの代表者となりますが、ヤンが宮廷画家だったのに対して、ロヒールはブリュッセル市内に工房を営む市井の画家でした。巡礼に訪れたイタリアを含む各地の画家たちと交流し、広い知名度を得ます。メムリンクら多くの優秀な弟子を育てたりと、後世への影響力にも大きなものがあります。

緻密な描写や空間構成などでヤンから強い影響を受けながらも、代表作の〈十字架降下〉に見られるように、人体の正確な把握や感情表現の描写に、より強い関心を払っていることがわかります。

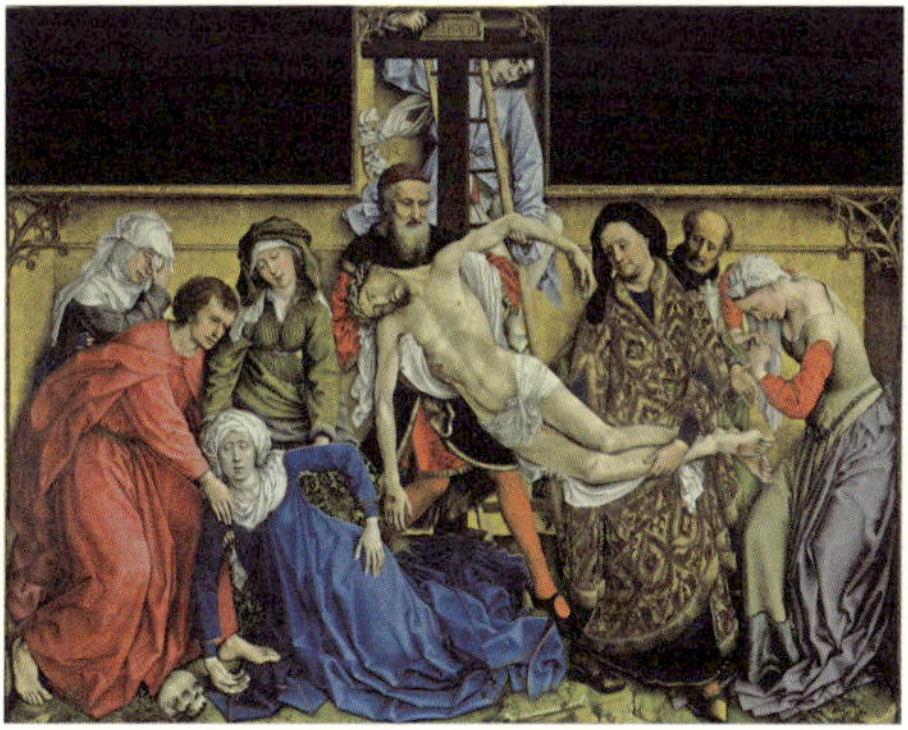

〈十字架降下〉、1435～38年、
マドリッド、プラド美術館。

6 ルカ・デラ・ロッビア
（1400／01フィレンツェ〜1482フィレンツェ）

彼もまたギベルティ（図61、62）工房の出身です。最初は彫刻家としての王道を歩み、まずはフィレンツェのドゥオーモのための、大理石による聖歌壇《カントーリア》で華々しいデビューを飾ります。浅浮彫ですが、人体がほとんど浮き出ているような立体的な傑作です。

しかし彼の名を高めたのは、その後に手がけるようになった陶板（釉薬《ゆうやく》を施したテラコッタ）による作品群です。パーツごとに焼いて組み合わせることによって、陶器とは思えないような巨大な作品も制作しています。この新技術は人気を呼んでフィレンツェの特産品となり、彼と後継者一族の大工房による夥《おびただ》しい作品群が残っています。

〈受胎告知〉、1493年頃、
フィレンツェ、捨児養育院回廊。

7 マザッチョ

（1401サン・ジョヴァンニ・ヴァルダルノ～1428／29ローマ）

絵画分野でルネサンス様式を打ち出した革新者がマザッチョです。ドナテッロにならって古代彫刻から人体構造を学び、ブルネッレスキとともにルネサンス（中央一点消失）遠近法を確立して絵画空間に整合性ある奥行きと広がりを与え、さらに人間的な激しい感情表現を絵画にもたらしました。

おそらくペストによって二十七歳で夭逝したため作品数こそ多くありませんが、彼のブランカッチ礼拝堂壁画（図45）はその後長くルネサンスの画家たちにとっての生ける教材として機能しました。なお、弟にカッソーネや出産盆などの半工芸分野で活躍したロ・スケッジャがいます。

〈貢の銭〉、1425～28年頃、
フィレンツェ、サンタ・マリア・デル・カルミネ教会ブランカッチ礼拝堂。

8 レオン・バッティスタ・アルベルティ
（1404ジェノヴァ〜1472ローマ）

建築家、数学者、批評家、作家など、多くの分野の一線で活躍した「万能人《ウオーモ・ウニヴェルサーレ》」の典型例です。

フィレンツェから追放された家の庶子として生まれ、ボローニャ大学などで学びます。建築家としては、凱旋門の構成を採り入れたリミニのテンピオ・マラテスティアーノ（図41）やマントヴァのサンタンドレア聖堂などで、古代再生の理念を実践しています。

ルネサンス遠近法を最初に理論化した書としても知られる『絵画論』は、『彫刻論』『建築論』とともにルネサンス芸術を規定する理論書となっています。また『家族論』では、人文主義者としてモラルを説いています。

サンタ・マリア・ノヴェッラ教会ファサード、1470年完成、フィレンツェ。

9 フィリッポ・リッピ
（1406フィレンツェ～1469スポレート）

名前の前によく「フラ」がついていることでわかるように、彼はもともと修道士でした。画家としても高名で、各地の教会や修道院から注文を受けていました。ある時、プラートの女子修道院に呼ばれて制作中、修道女ルクレツィアと恋に落ち、あろうことか二人は駆け落ちしてしまいます。普通なら許されない聖職者同士の禁断の愛のはずですが、彼の絵を愛する有力者たちのおかげで還俗を許され、晴れて二人は夫婦となりました。

彼の描く聖母子は皆、優美で繊細。モデルが妻なのかもしれません。間にできた息子フィリッピーノも後に人気画家になります。弟子にボッティチェッリがいます。

〈聖母子と二天使〉、1465年頃、
フィレンツェ、ウフィツィ美術館。

10 ピエロ・デッラ・フランチェスカ

（1415頃ボルゴ・サン・セポルクロ～1492ボルゴ・サン・セポルクロ）

時代によって評価が激変した画家の一人です。二十歳前後にフィレンツェに出て、ドメニコ・ヴェネツィアーノの助手を務め、その後、リミニやウルビーノ、アレッツォなど各地に呼ばれて多くの作品を手がけており、かなり高い評価を得ていたことがわかります。『絵画のための遠近法』など、遠近法や幾何学分野における数学者でもあり、簿記などで知られる同郷のルカ・パチョーリもピエロの指導を受けたと考えられています。

数学的秩序に支配された、あまりに理路整然とした静謐《せいひつ》な絵画空間は彼の死後急激に評価を下げ、一九世紀半ばに再発見されるまで、完全に忘れ去られることになったのです。

〈ブレラの祭壇画〉、1470年頃、
ミラノ、ブレラ美術館。

11 アントネッロ・ダ・メッシーナ

（1430頃メッシーナ～1479メッシーナ）

シチリア島の東北端メッシーナの出身。かなり成功したことはわかっているものの、謎の多い画家です。修業していたナポリには、当時すでにファン・エイクやファン・デル・ウェイデンらの作品がもたらされており、おかげでイタリアで最も早く北方の油彩技法をものにした画家となりました。ヴェネツィアでも活躍し、当地の油彩技法の発展を促しました。

特に人物描写に秀でており、彼特有の、暗い背景にぼうっと浮かび上がる人物たちは皆、細部まで緻密に仕上げられた徹底した写実力によって個性を活写され、まるで今にも動き出しそうな生命観を漂わせています。

〈書斎の聖ヒエロニムス〉、1474年頃、ロンドン、ナショナル・ギャラリー。

12 ジョヴァンニ・ベッリーニ

（1430頃ヴェネツィア〜1516ヴェネツィア）

ジョヴァンニ・ベッリーニは、父ヤコポと異母兄ジェンティーレ、義弟のマンテーニャとともに、ヴェネツィア派の創始者にして、かの地を美術の先進地域にした立役者です。

風景から人物まで卓越した写実力を誇り、豊かな色彩と透明感のある静謐な空間による様式を確立しました。アントネッロ・ダ・メッシーナやピエロ・デッラ・フランチェスカ、マンテーニャ、デューラーなど同時代の画家たちの動向にも敏感で、人的交流の範囲も広く、大きな影響力を持っていました。彼の大工房からは、ジョルジョーネやパルマ・イル・ヴェッキオ、セバスティアーノ・デル・ピオンボなど、多くの優秀な画家が出ています。

〈レオナルド・ロレダンの肖像〉、1501年頃、
ロンドン、ナショナル・ギャラリー。

13 アンドレア・マンテーニャ

（1430／31イーゾラ・ディ・カルトゥーロ〜1506マントヴァ）

パドヴァ近郊で生まれたマンテーニャは、パドヴァのスクァルチョーネという画家の下で修業し、養子となります。街にはジョットやドナテッロの大作があり、教材にも事欠きませんでした。ジョヴァンニ・ベッリーニの妹と結婚してからは、ヴェネツィア派との結びつきを強めます。帆布《カンヴァス》を画布として利用した最初期の画家としても重要です。

次いでマントヴァの宮廷画家となります。中規模都市ながら同地には、ゴンザーガ家による洗練された宮廷文化が栄え、マンテーニャがその一翼を担いました。彼は古代彫刻をコレクションするなど、典型的な古代再評価《ルネサンス》芸術家となりました。

「カーメラ・デリ・スポージ（婚姻の間）」天井画、1474年、マントヴァ、ドゥカーレ宮殿。

14 アンドレア・デル・ヴェロッキオ
（1435頃フィレンツェ〜1488ヴェネツィア）

メディチ家主導のルネサンス文化が花開いていたフィレンツェで、最も大規模な工房を構えていたのがヴェロッキオです。彼は画家、彫刻家、工芸家であり、また、フィレンツェ大聖堂クーポラ頂部の銅球設置といった大がかりな建築事業も請け負っていました。

一種の万能人ですが、中でも青銅素材による彫刻を得意とし、繊細な衣服の表現から勇壮な大構図に至るまで、注文主のさまざまな意向によく応える技術を有していました。一方、絵画の注文はかなりの割合で弟子たちに回していたようで、そのおかげで工房からはペルジーノやレオナルド・ダ・ヴィンチといった大画家が育ちました。

〈コッレオーニ騎馬像〉、1488年完成、
ヴェネツィア、サン・ジョヴァンニ・エ・パオロ教会前広場。

15 ドナート・ブラマンテ

（1444フェルミニャーノ～1514ローマ）

盛期ルネサンスを代表する建築家。ピエロやウッチェロら、遠近法に長けた画家を重用してきた宮廷があるウルビーノの近郊に生まれたことは、ブラマンテの土壌形成に大きく寄与したものと考えられます。その後、ミラノとローマで建築家としてのキャリアを積み、集中式プランを持ち、クーポラを戴いた小規模作品〈テンピエット〉を発表します。これこそ、古代建築のオーダーを採用した盛期ルネサンスの最初の作品であり、以後の建築に決定的な指針を与えました。

教皇の信を得て、ローマの街区整理を推し進め、サン・ピエトロ大聖堂の大改修工事の初代の造営技師（建築監督）も務めました。

〈テンピエット〉、1502年、
ローマ、サン・ピエトロ・イン・モントーリオ教会。

16 サンドロ・ボッティチェッリ
（1444／45フィレンツェ～1510フィレンツェ）

本名アレッサンドロ・ディ・マリアーノ・フィリペーピ。フィリッポ・リッピの工房に入り、師がフィレンツェを去ってからはヴェロッキオの下で修業を積みます。その頃すでにボッティチェッリは、独立した親方としてのキャリアもスタートさせていました。

高い教養を有し、メディチ家サークルによる新プラトン主義《ネオ・プラトニズム》思想に基づく難解な主題構成の視覚化を担いました。その優美で装飾的な作風とあいまって、当代一の人気画家となります。しかしメディチ家を追放し神権政治を敷いたサヴォナローラに感化されてからは、多神教的な主題は影をひそめ、一転して神秘主義的な雰囲気が支配するようになりました。

〈春《プリマヴェーラ》〉、1482年頃、
フィレンツェ、ウフィツィ美術館。

17 ルカ・シニョレッリ
（1445／50コルトーナ〜1523コルトーナ）

ヴァティカンのシスティーナ礼拝堂を装飾するべく半島中から一級の画家たちが集められた時、ボッティチェッリやペルジーノらとともに、ルカ・シニョレッリも呼ばれています。この事実だけとっても、当時の彼の評価と名声が高かったことがわかります。

彼はピエロ・デッラ・フランチェスカに薫陶を受けたため、短縮《ソット・イン・スー》法を得意としています。しかし、より強い関心を示したのは人体の解剖学的な把握です。動的な裸体像が画面を覆い尽くすオルヴィエート大聖堂壁画群は、ここを訪れたミケランジェロやラファエッロらを感激させ、彼らによって始められるマニエリスム様式の一つの指針となります。

〈肉体の復活〉、1499〜1502年頃、
オルヴィエート大聖堂サン・ブリツィオ礼拝堂。

18 ヒエロニムス・ボッシュ

（1450頃スヘルトーヘンボシュ〜1516スヘルトーヘンボシュ）

本名ヒエロニムス・ファン・アーケン。生地でそのまま成功し名士となったので、街の名前の一部がそのまま通称となりました。小さいながらも繊維業で栄えたこの街にいながら、各国の領主クラスから多くの注文を受けています。ただ、誰に学び、誰と交流があったかといったことはよくわかっていません。

正確な遠近法や解剖学的知識といったルネサンスの最新動向にはあまり関心がなく、人間の愚かさをえぐり出すモラリスト的姿勢に特徴があります。時にそれらはユーモラスに描かれ、当時の風俗を映す貴重な史料となっていますが、多くは辛辣《しんらつ》でシニカル、冷徹で突き放したような視線で描かれています。

〈快楽の園〉、1505〜16年頃、
マドリード、プラド美術館。

19 レオナルド・ダ・ヴィンチ
（1452ヴィンチ〜1519アンボワーズ）

コムーネの群雄割拠の時代だからこそ活躍の場を得たものの、そのせいで未完に終わった作品もあるところ、また地理学から解剖学まで幅広い分野で万能人として活躍するなど、レオナルドはまさにルネサンスという激動の時代が生んだ申し子のような人物です。

ただ、近代人ならではの「見たものしか信じない」という徹底した懐疑主義は、輪郭線の否定や従来の図像伝統からの乖離《かいり》につながり、制作にあたって尋常ならざる試行と思索を必要とするようになります。そのため完成させた作品はごく少数ですが、しかし彼の作品群は空間性・人体把握・感情表現におけるルネサンス芸術の到達点をよく示しています。

〈ラ・ジョコンダ（モナ・リザ）〉、1503〜06年頃、それ以後も加筆。パリ、ルーヴル美術館。

20 アルブレヒト・デューラー

（1471ニュルンベルク〜1528ニュルンベルク）

金細工師の家に生まれ、度々の旅行や人的交流を通じて、イタリアやネーデルラントなど他地域の動向にも敏感でした。さまざまな新技術にも積極的に挑戦し、特に木版画と銅版画では一つの頂点を示しました。版画は広く流通するため、彼の様式が全欧州的な影響力を及ぼした一つの要因ともなりました。

北方ルネサンス最大の巨匠としての自負は、キリストに似せて描かれた〈一五〇〇年の自画像〉に表れています。神聖ローマ皇帝マクシミリアン一世の宮廷画家として活躍し、美術理論家としても大きな功績を残しています。絵入りの日記を残すなど、生涯を詳しく知ることができるのも一つの特徴です。

〈マクシミリアン一世のための凱旋門〉、1515〜17年、
デューラーは総監督として統括。ニュルンベルク、国立ゲルマン博物館。

21 ルーカス・クラーナハ（父）

（1472頃クローナハ〜1553ヴァイマール）

宗教改革の嵐が吹き荒れる中を、新旧両派のいずれとも上手に付き合いながら生き延び、社会的にも大成功を収めた画家です。

無名だった画家の家に生まれ、初期にはいわゆる「ドナウ派」の一人として風景画などを得意としていました。しかし、ヴィッテンベルクのザクセン選帝侯の宮廷画家になってからは、解剖学などを無視した爬虫類的な官能性を特徴とする作風に一変します。

ルターの支持者として肖像画を残す一方、カトリック圏からの注文もこなします。ヴィッテンベルクの市長を三度務め、薬屋や印刷屋の経営者としても成功を収めるなど、世渡り上手な抜け目のなさを示しています。

〈ヴィーナスとクピド〉、1526〜27年、ロンドン、ナショナル・ギャラリー。

22 マティアス・グリューネヴァルト

（1474頃ヴュルツブルク～1528ハレ）

本名マティス・ゴートハルト・ナイトハルト。彼もまた宗教改革の突風に翻弄された画家ですが、クラーナハとは正反対に、共鳴したプロテスタント分裂のせいで自らも職を失い、貧困のうちに亡くなります。その後はピエロ・デッラ・フランチェスカと同様に忘れ去られ、彼が再発見されるには二〇世紀を待たねばなりませんでした。

マインツ大司教お付きの画家として活躍。代表作となった掲載作は、病院でもあった修道院のために描かれたもの。流行していた麦角《ばっかく》中毒の症状を克明に描写しています。加担した農民戦争のあおりですべての公職画家が失職し、貧困の中ペストで世を去りました。

〈キリストの磔刑（イーゼンハイムの祭壇画）〉、1512～15年頃、コルマール、ウンターリンデン美術館。

23 ミケランジェロ・ブオナローティ
（1475カプレーゼ〜1564ローマ）

彫刻・絵画・建築のすべての分野で一級の水準を誇った点で、またほとんど比肩《ひけん》しうる者のない膨大な作品数をこなした点で、そしてそれらの多くが壮大なスケールを持つ大作である点で、惜しげもなく自らの様式を捨てて新たな様式を切り開いていった点で、さらには多くの同時代人や後世に絶大な影響を与えた点で、彼に匹敵する芸術家は歴史上、どこを探しても見つけられません。彼は、ルネサンスの枠を超えた、まさに巨人です。

盛期ルネサンスの頂点を示す天井画と、マニエリスムの開花を告げる〈最後の審判〉という二様式の大作が、システィーナ礼拝堂という同一空間内にあるだけで驚異です。

〈ピエタ〉、1499年、
ヴァティカン、サン・ピエトロ大聖堂。

24 マルカントニオ・ライモンディ
（1475頃ボローニャ郊外～1534ボローニャ）

イタリア・ルネサンスを代表する版画家。限定的な鑑賞者数しか得られない絵画と異なり、広く流通する版画は、メディアとしてより大きな影響力を持っていました。

彼は最初、フランチェスコ・フランチャに学びますが、出版業の中心地ヴェネツィアに出て、デューラーを始めとする版画の面白さに打たれます。クロス・ハッチングによる絵画複製版画を得意とし、大成功を収めます。特にラファエッロと組んでの絵画複製や、時にはオリジナル原画からおこした版画の成功は、ラファエッロがその後西洋美術に支配的な影響力を持つに至った主たる原因ともなりました。

〈嬰児虐殺〉（ラファエッロの原画による）、1509年頃、サンクト・ペテルブルク、エルミタージュ美術館。

25 ジョルジョーネ
（1477～78頃カステルフランコ・ヴェネト～1510ヴェネツィア）

ベッリーニ工房の出身で、ヴェネツィア派に黄金期をもたらした大画家。「ジョルジョニズモ」と呼ばれる追随者集団を生んだりと、絶大な影響力を有していた巨匠ですが、ペストで夭逝したため生涯の詳しいことはあまりわかっていません。

〈眠れるヴィーナス（ドレスデンのヴィーナス）〉が「横たわる裸婦像」の嚆矢《こうし》となったり、〈三世代〉の図像伝統を規定した点でも、彼が美術史上に占める重要性ははかりしれないのですが、ボッティチェッリらがそうであるように、多神教と一神教の融合を目指したと思われる主題の作品群は非常に難解で、いまだに解釈上の議論が続いています。

〈嵐《テンペスタ》〉、1505～07年頃、
ヴェネツィア、アッカデミア美術館。

26 ラファエッロ・サンツィオ

（1483ウルビーノ～1520ローマ）

ラファエッロこそは、真に天才の名にふさわしい人物です。わずか三十七歳の生涯とは思えないほど多くの作品を残し、しかもそのほとんどが後世の規範となるほどの高水準にありました。一九世紀の新古典主義とは、つまりラファエッロの理想視のことであり、その後、数世紀にわたって美のカノンであり続けました。そのせいでかえって、ロマン主義以降、彼の名はアカデミズムの権威主義と結びつけられて急落していったのです。

彼は優美な聖母子だけでなく、大構図構成とフレスコ技法、素描と肖像画において並ぶ者のない存在でした。彼の死は、ルネサンスの終焉に等しい意味を持っていました。

〈アテネの学堂〉、1509～10年、
ヴァティカン宮殿「署名の間」。

27 ティツィアーノ・ヴェチェッリオ

（1488／90頃ピエーヴェ・ディ・カドーレ〜1576ヴェネツィア）

ヴェネツィア派最大の巨匠で、「ミケランジェロの素描」のフィレンツェ派に対する「ティツィアーノの色彩」のヴェネツィア派、という構図で長く対置されていました。しかし、彼の偉大さは、ヴィヴィッドな色彩以外にも、画面奥行き方向への構図の大胆な変革や人体の動的表現にもあり、ティントレットに至るヴェネツィア派の革新や、やがて来るバロック美術の着想源にさえなりました。

ベッリーニ工房の出身で、兄弟子ジョルジョーネの急逝後、未完作品を完成させていきました。教皇庁からの招聘《しょうへい》を断ってまでヴェネツィアの共和国画家の地位に執着し、各国の宮廷からの注文も精力的にこなしました。

〈聖母被昇天〉、1516〜18年、
ヴェネツィア、サンタ・マリア・グロリオーザ・デイ・フラーリ教会。

28 ハンス・ホルバイン（子）

（1497／98アウグスブルク～1543ロンドン）

同名の父と兄アンブロシウスとともに、宗教画家としてキャリアをスタートさせますが、移住したバーゼルでは偶像崇拝を禁止するプロテスタントが支配的だったため、宗教画の注文は減る一方でした。そこで彼は肖像画を主たる専門分野とし、この決断が彼をして人気画家たらしめるきっかけとなりました。エラスムスやトマス・モアなど、同時代の知識人たちの気品ある肖像画を残しています。

四十歳で、イギリス国王ヘンリー八世の宮廷画家となります。頭蓋骨の歪曲画《アナモルフォーズ》を織り込んだ〈大使たち〉は、ヴァニタスの主題と重ねた肖像画の傑作です。「死の舞踏」を描いた一連の版画も重要な作品です。

〈大使たち〉、1533年、
ロンドン、ナショナル・ギャラリー。

29 アンドレア・パッラーディオ
（1508パドヴァ〜1580トレヴィーゾ近郊）

本名アンドレア・ディ・ピエトロ・ダッラ・ゴンドラ。粉屋の家に生まれ、石工の工房で修業し、大工の娘と結婚します。ここまではごく普通の一職人。彼に転機が訪れるのは、トリッシーノという人文学者が彼を見込んで、ローマ旅行に同行させてからです。そこで遺跡群に圧倒されたアンドレアは、ヴィチェンツァに帰国後、古代建築に範をとった建物を怒涛《どとう》の勢いで発表していきます。

いつしか彼は武芸の女神パラス・アテナから取られたあだ名で呼ばれるようになり、『建築四書』を発表。イギリスのイニゴ・ジョーンズなど、「パッラーディオ主義者《パッラーディアン》」と呼ばれる追随者が各国に現れました。

サン・ジョルジョ・マッジョーレ教会、1565年、
ヴェネツィア。

30 ピーテル・ブリューゲル（父）

（1525～30頃生地不明～1569ブリュッセル）

知名度のわりには、生地や生年さえわかっていません。一五五一年に親方として登録されているので、生年もそこから逆算したものです。彼もご多分に漏れずイタリア長期旅行をしていますが、あまり影響を受けず、工房を構えた大都市アントウェルペンではむしろ「第二のボッシュ」としての役割を期待され、初期には同路線の作品を発表しています。

注目すべき作品群はすべて最後の十年間に制作され、風景画と風俗画的要素をミックスした個性的な絵画を描いています。画業を継いだ二人の息子とともに、風景・風俗・静物という、後の一七世紀オランダ・バロック黄金期の主要三分野を開拓しました。

〈雪中の狩人〉、1565年、
ウィーン、美術史美術館。

おわりに

今日、「傑作」や「代表作」といった意味で使われる、英語の「マスターピースMasterpiece」（イタリア語では「カポラヴォーロ Capolavoro」）という単語があります。

これはもともと、画家や彫刻家がギルド（アルテ）で〝親方（マイスター、マエストロ）〟の資格を取得する際、審査を受けるために提出する作品のことを指していました。審査を受ける側としては、もちろん最も自信のある作品を提出していたので、傑作や代表作という意味だけ残って現在に至ったのでしょう。しかし、もともとの意味は、英語の「親方（マスター）」＋「作品（ピース）」という綴りの中に残っています。ルネサンス時代に生まれた習慣が、私たちの生活の周りに残っている興味深い例です。

「はじめに」でも述べたように、本書では「ルネサンスとは何だったのか、それはなぜ始まり、なぜ終わったのか」という三点を論じることに絞っています。そのため、構成やスペースの関係から本書では言及しなかったトピックがいくつかあります。

それは、工房やギルドなど、芸術家を取り巻く環境について、あるいは技法や地域ごとの流派や特色などについてです。例えばルネサンス絵画では、線的な「フィレンツェ派」と色彩の「ヴェネツィア派」など、多くの地域様式があります。また、ルネサンスからの逸脱であり反動でもある「マニエリスム様式」は大きなトピックです。しかし、本書では美術史だけに終始しがちなルネサンス論を、できるだけ社会構造の動きの中で説明しようとしたので、これらの美術史的トピックは割愛しました。いずれ、それらの美術史的側面だけを論じる場で触れたいと思います。

さて、本書をお読みいただいた方々には、私がなぜルネサンスを学んでいるのか、ご理解いただけたのではないでしょうか。それは、ルネサンスが単なる美術の時代様式にとどまらず、当時の社会構造からにじみ出てきた文化のすべて、つまりは激動の時代の「社会のうねり」のようなものだからです。そこにこそ、ルネサンスの面白味があります。

言い換えれば、ルネサンスは社会（と、その構成単位である人間そのもの）の構造を知るための、最良のテキストの一つだと言えるでしょう。それだけ魅力的でスケールの大きな相手であるので、これからも私のルネサンス探究は果てしなく続けられていくことでしょう。

＊　＊　＊

最後に、私の転任や身内の不幸などでなかなか執筆が進まない中、根気よく助言や励ましをくださった光文社の小松現氏と、エクステンションセンターなどで、断続的ながら数年間続けているルネサンスやイタリア関連の連続講義を、昔からずっと聴いてくださっている社会人受講者の素敵な皆様に、この場をお借りして心からの感謝の意を捧げます。

二〇一二年四月

池上英洋

掲載した図版は、一部を除き、すべて著者によるものです。

チャールズ・B・シュミット、ブライアン・P・コーペンヘイヴァー、『ルネサンス哲学』、榎本武文訳、平凡社、2003 年。

ピーター・バーク、『新版 イタリア・ルネサンスの文化と社会』、森田義之、柴野均訳、岩波書店、2000 年。
J. R. ヘイル編、『イタリア ルネサンス事典』、中森義宗監訳、東信堂、2003 年。
J. M. ロバーツ、『図説 世界の歴史 5』、池上俊一監修、創元社、2003 年。

飯島幸人、『航海技術の歴史物語』、成山堂書店、2002 年。
池上俊一、『万能人とメディチ家の世紀』、講談社、2000 年。
伊藤博明、『神々の再生』、東京書籍、1996 年。
太田敬子、『十字軍と地中海世界』、山川出版社、2011 年。
亀長洋子、『イタリアの中世都市』、山川出版社、2011 年。
木島俊介、『ヨーロッパ中世の四季』、中央公論社、1983 年。
齊藤寛海、『中世後期イタリアの商業と都市』、知泉書館、2002 年。
清水廣一郎、『イタリア中世都市国家研究』、岩波書店、1975 年。
高階秀爾、『ルネッサンス夜話』、河出書房新社、1987 年。
松本典昭、『パトロンたちのルネサンス』、日本放送出版協会、2007 年。
森田義之、『メディチ家』、講談社、1999 年。

主要参考・引用文献

Dante Alighieri, *Divina Commedia*, in: *Dante, Tutte le opere*, a cura di Giovanni Fallani, Newton, 1997.

Giorgio Vasari, *Le vite dei più eccellenti pittori, scultori e architetti*, 1550, 1568, ed. I Mammut, introduzione di Maurizio Marini, Newton, 1991.

『聖書』、新共同訳、日本聖書協会、1987 年。

『アシジの聖フランシスコの小品集』、庄司篤訳、聖母の騎士社、1988 年。

ペトラルカ、『ルネサンス書簡集』、近藤恒一訳、岩波書店、1989 年。

ボッカッチョ、『デカメロン』、柏熊達生訳、筑摩書房、1987 年。

『ペトラルカ＝ボッカッチョ往復書簡』、近藤恒一編訳、岩波書店、2006 年。

From the Gothic to the Renaissance, Scala, 2003.

Patricia Fortini Brown, *Art and Life in Renaissance Venice*, Laurence King Publishing Limited, 1997.

Alison Cole, *Art of the Italian Renaissance Courts*, Laurence King Publishing Limited, 1995.

David Macaulay, *Naissance d'une Cathédrale*, Éditions des Deux Coqs d' Or, 1984.

Emma Micheletti, *I Medici a Firenze*, Becocci Editore, 1999.

Loren Partridge, *The Art of Renaissance in Rome 1400-1600*, Laurence King Publishing Limited, 1996.

Evelyn Welch, *Art and Society in Italy 1350-1500*, Oxford University Press, 1997.

マーガレット・アストン、『図説 ルネサンス百科事典』、樺山紘一監訳、三省堂、1998 年。

フランソワ・イシェ、『絵解き中世のヨーロッパ』、蔵持不三也訳、原書房、2003 年。

ジョナサン・ウィリアムズ、『図説 お金の歴史全書』、湯浅越男訳、東洋書林、 1998 年。

ルカ・コルフェライ、『図説 ヴェネツィア』、中山悦子訳、河出書房新社、2001 年。

池上英洋（いけがみひでひろ）
1967年広島県生まれ。國學院大学文学部准教授。東京芸術大学卒業、同大学院修士課程修了。海外での研究活動、恵泉女学園大学人文学部准教授を経て現職。専門はイタリアを中心とする西洋美術史・文化史。著書に『*Due Volti dell'Anamorfosi*』（Clueb、イタリア）、『レオナルド・ダ・ヴィンチの世界』（編著、東京堂出版）、『ダ・ヴィンチ―全作品・全解剖。』『キリスト教とは何か。』（監修、ともに阪急コミュニケーションズ）、『血みどろの西洋史』（河出書房新社）、『恋する西洋美術史』『イタリア　24の都市の物語』（ともに光文社）、『西洋美術史入門』（筑摩書房）などがある。

ルネサンス　歴史《れきし》と芸術《げいじゅつ》の物語《ものがたり》

2012年6月20日初版1刷発行

著　者 ― 池上英洋
発行者 ― 丸山弘順
装　幀 ― アラン・チャン
印刷所 ― 萩原印刷
製本所 ― 榎本製本
発行所 ― 株式会社光文社
東京都文京区音羽1-16-6(〒112-8011)
http://www.kobunsha.com/
電　話 ― 編集部03(5395)8289　書籍販売部03(5395)8113
業務部03(5395)8125
メール ― sinsyo@kobunsha.com

ISBN 978-4-334-03691-1

585
孫正義　危機克服の極意
ソフトバンクアカデミア特別講義

孫正義氏が直面した10の危機を取り上げ、どう乗り越えたかを解説。ベストセラー『リーダーのための意思決定の極意』の第二弾。第二部はツイッターを中心とした孫氏の名言集。

978-4-334-03688-1

586
医師のつくった「頭のよさ」テスト
認知特性から見た6つのパターン
本田真美

「モノマネは得意?」「合コンで名前と顔をどうおぼえる?」「失くし物はどう捜す?」…35の問いで知る認知特性が「頭のよさ」の鍵を握る。自分に合った能力の伸ばし方がわかる一冊。

978-4-334-03689-8

587
「ヒキタさん! ご懐妊ですよ」
男45歳・不妊治療はじめました
ヒキタクニオ

精子運動率20%からの出発…45歳をすぎ思い立った子作りで男性不妊と向き合うことになった鬼才・ヒキタクニオの、5年の懐妊トレの記録。角田光代氏も泣いた〝小説のような体験記〟。

978-4-334-03690-4

588
ルネサンス　歴史と芸術の物語
池上英洋

15世紀のイタリア・フィレンツェを中心に、古典復興を目指したルネサンス。それは何を意味し、なぜ始まり、なぜ終わったのか——。中世ヨーロッパの社会構造を新視点で解く。

978-4-334-03691-1

589
ただ坐る
生きる自信が湧く　一日15分坐禅
ネルケ無方

悩みの多い現代人は常に〝考え〟ていて〝頭でっかち〟。坐禅という「考えない時間」をつくることで、一日の内容から、人生そのものまで変わる! 今日から始める坐禅の入門書。

978-4-334-03692-8